葬いとカメラ

金セッピョル
地主麻衣子
編著

左右社

はじめに

誰もがいつかは必ず直面する「死」という現象を、どのようにとらえたらよいのだろうか。この本は、幸いにもまだ生きている私たちが「死」をどのようにとらえ、記憶、または記録していくのかということについて、アーティストと研究者がとことん話し合い、まとめたものです。

この本の始まりは、アーティストである私、地主麻衣子と文化人類学者である金セッピョルさんの出会いまでさかのぼります。

私は当時、日本に暮らす様々な背景をもつ人たちのお墓についての映像をつくろうとしていました。それまでの数年間、海外のいくつかの場所で滞在制作をしていた私は、それぞれの土地でいろいろなルーツをもつ人たちが、時には混じり合い、時には反発し合いながら社会をつくり、そのエネルギーが芸術を含む文化を活性化させていると感じていました。一方で、自分が生まれ育った日本社会をみてみると、そこには多様な人たちが住んでいるはずなのに、画一的な「日本人」というアイデンティティから語られる文化ばかりで、そこにあるはずの別の視点や声が、意識的か無意識的かにかかわらず無視、または抑圧されているように感じました。そこで、国籍や民族、宗教、ジェンダー、貧富の差にかかわらず誰しもに平等に訪れる「死」という出来事を通して、日本社会を眺め直してみたいと思い、自分なりの試みとして、作品をつくることにしました。なるべく具体的なかたちで「死」のあり方をとらえたかったので、お墓という切り口で映像作品をつくることになりました。

いざどのようなお墓を取材しようかと考えてみると、自分はいわゆる一般的な「○○家の墓」というような骨壷を納める石のお墓しかみたことがないことに思い当たりました。例えば、在日コリアンの方たちのお墓がどんなものなのか、日本に暮らすムスリムの方たちがどういう葬儀を行っているのか、驚くべきことに、これまで生きてくるなかで考えたことがなかったのです。そこで、日本の家制度に基づくお墓のあり方とは異なる埋葬や、そのような制度からこぼれ落ちてしまうお墓について調べはじめました。最終的に、無縁になり撤去されてしまう東京都のお墓、在日コリアンのなかでも特に在日朝鮮人の方々の遺骨問題、ムスリムの方々の土葬、福島県にある将来的には無縁になってしまう私の母方の家族のお墓について取材を進めることになりました。しかし、撮影をしていくなかで、ある問題に行き当たったのです。

ひとつめは、撮ること自体の倫理性です。私はそれまでの自分の作品制作においても、人と話したりインタビューをしたりしてきましたが、初対面の人に取材をお願いすることは初めてで、しかもテーマはお墓という繊細な内容です。どうやってインタビューをお願いしたらよいのかわからないといった初歩的なことから始まり、まったくの部外者である自分が初めて会う人に死生観に関するつっこんだ質問をし、さらにその人、またはその風景にカメラを向けることについて、葛藤がありました。

　ふたつめは、マジョリティ・マイノリティの問題です。日本社会のなかで民族的、宗教的にマイノリティと位置付けられる人たちの死生観について、その構図ではマジョリティに属す自分が聞く、という作業が必要でした。この行いをどうとらえたらよいのかわからず、搾取の構図になってしまう可能性を私は恐れていました。


　そのようなとき、制作とリサーチをサポートしてくれていたある芸術祭の事務局の方が金セッピョルさんを紹介してくださいました。金さんは、現代日本の葬儀と死生観について研究されていて、特に、自然葬という、墓地以外の区域に遺灰を散骨する葬法と儀礼を研究の題材にされていました。私はちょうどその頃、東京の公営墓地でお墓がショベルカーで壊される場面をみていたので、お墓をもたないという選択を自らされた人たちを取材している金さんの研究に興味をもちました。

　金さんは韓国出身で、十代の頃、早くして亡くなったお友達がそれまで韓国では一般的であった土葬ではなく、火葬されてロッカー式のお墓に納骨されるのをみて、怒りと悲しみを感じ、葬儀について研究をするようになったそうです。金さんは論文だけではなく、映像も制作されています。そこには自然葬を選んだ人たちの複雑な思いが映し出されていました。金さんの映像は、研究という言葉から私が勝手に想像していたような客観的で論理的な、ある種漂白されたようなものではなく、大切な誰かの死を経験し、それでもなお様々な思いを抱えながら生きていく人間をとらえていました。

　文化人類学者としての金さんが、他者としてあるコミュニティに入り、関係性をつくりながら人々が語ることを記録するという手法は、自分がこれまでやってきたことに通じると直感しましたが、私と違って金さんはためらうことなく本質的な場面（例えば、散骨のために母親の骨をジップロックに入れ、木槌で細かく砕くようなシーン）を映し出していました。映っている人たちと金さんとの間に信頼関係があるからこそ、それが可能になるのであり、彼女がどうやって彼らと関係性をつくり映像を撮っているのか知りたいと思いました。


　そして、私たちは一緒に合宿を企画することになります。葬儀について研究をされている研究者と、「葬い」という観点からとらえることができるような作品を制作されているアーティストを何人か招いて、お互いのつくった映像をみせ合い、「葬い」と「撮ること」について話し合ってみるというものです。合宿では、「死」ではなく、「葬い」という言葉を使いました。私たちが撮っているのは「死」そのものではなく、生きる者の「死」をめぐる営みである「葬い」だと思ったからです。

　この合宿のプログラム構成には、私と金さんの関心が盛り込まれています。私は自分が制作をしていたときに感じていた、他者である自分が葬儀や葬いといった親密な場面にカメラを向けることへの戸惑い、そして当事者ではない自分が介入することへの倫理性について、同じく映像を撮っている人たちに聞いてみたいという思いがありました。金さんはご自身の分野である文化人類学をはじめとする人文学の研究と、アートの実践には、似ているところと違うところがあり、具体的にどこが決定的に違うのか（もしくは違わないのか）、人類学者として興味があるとおっしゃっていました。

これから始まる本編は、この合宿で話し合われたことの記録が主な内容になっています。合宿のときには、みんなで映像を一緒に観てから議論をしましたが、この本では残念ながら映像をご覧いただくことができません。そのため、なるべく映像の内容を想像していただけるように、映像の解説とスチルを各プログラムのはじめに載せています。また、合宿のときに議論が詰められなかったものについては、当時の議論を振り返りながら再度対談を行い、本編後半に「解題」として収録しています。最後の「総論に代えて」では、対話のなかで生じたアーティストと研究者の「噛み合わなさ」を足がかりに、金さんの視座が提示されます。

合宿、合宿の書き起こしと編集、書籍化のための再構成と、「葬い」を「撮ること」についての議論を続けてきて、今感じるのは、誰かの「葬い」について知るということは、誰かの生について知ることなのだということです。「葬い」は、人間が「死」という人間の理解を超える大きな喪失に向き合うために必要な装置であり、それは人間の生が多様であるのと同じように、多様なのだと思います。新型コロナウィルスの流行で、これまでのように偶然誰かと出会ったり、現実に存在する他者を感じる機会が少なくなった世界を私たちは生きています。そんなときこそ、自分とは違う考え方や視点をもつ誰かの存在を想像することが、思考を解きほぐすために必要なことではないでしょうか。
この本が、他者の生を想像するひとつのきっかけになれば、こんなに嬉しいことはありません。

二〇二一年四月二〇日
地主麻衣子

目次

討論参加者紹介

金《キム》セッピョル

文化人類学者。現代の葬儀に関する研究を専門としている。映像を媒介とした双方向コミュニケーションにも興味がある。この本の企画者のひとり。

地主《じぬし》麻衣子《まいこ》

アーティスト。映像、パフォーマンス、テキストなどを組み合わせることで、個人と社会の関係を考察するような作品を制作。この本の企画者のひとり。

山田《やまだ》慎也《しんや》

民俗学者。現代の葬送儀礼の変化と死生観について研究を進めている。近年は身寄りのない人や困窮者の葬儀のあり方についても関心をもっている。

土居《どい》 浩《ひろし》

日常意匠研究者。半ば無自覚・無意識に形成された風景に関心がある。関心の中核は、近現代日本における墓地に対する態度。

瓜生《うりう》大輔《だいすけ》

弔いデザイナー、情報科学者。故人を弔うためのデザインを専門とする。デジタル技術を駆使した作品制作や手元供養品開発などに従事する。

ハイン・マレー

エコヘルス研究者。医療の視点からとらえられてきた「健康」概念を、社会や環境という側面から見直す研究に取り組んでいる。

川《かわ》瀬《せ》 慈《いつし》

映像人類学者。エチオピアの吟遊詩人、楽師の人類学研究を行う。民族誌映画、小説、詩など、様々な記録と表現の活動を通して人文学の地平を拡張する。

堀《ほっ》田《た》あゆみ

文化人類学者。モンゴル遊牧民のモノや情報の世界を研究している。映像を通して言語化されないものを可視化することに関心がある。

門《もん》馬《ま》一《いっ》平《ぺい》

文化人類学者。パプアニューギニアの贈与儀礼を専門に研究している。初の映像作品「SAGAE」では、村の葬儀に一当事者(親族)として参加しながらカメラをまわす。

鄭《チョン》梨《リ》愛《エ》

美術家。自身の家族史やルーツと向き合いながら、絵画、映像、インスタレーションなど様々なメディアを用いて作品を制作。

二《に》藤《とう》建《けん》人《と》

アーティスト。重力と身体にまつわる彫刻制作や、全身を雑巾に見立て街を拭いて歩くパフォーマンスなど。身体的実感を重視した世界の計測を目指して活動。

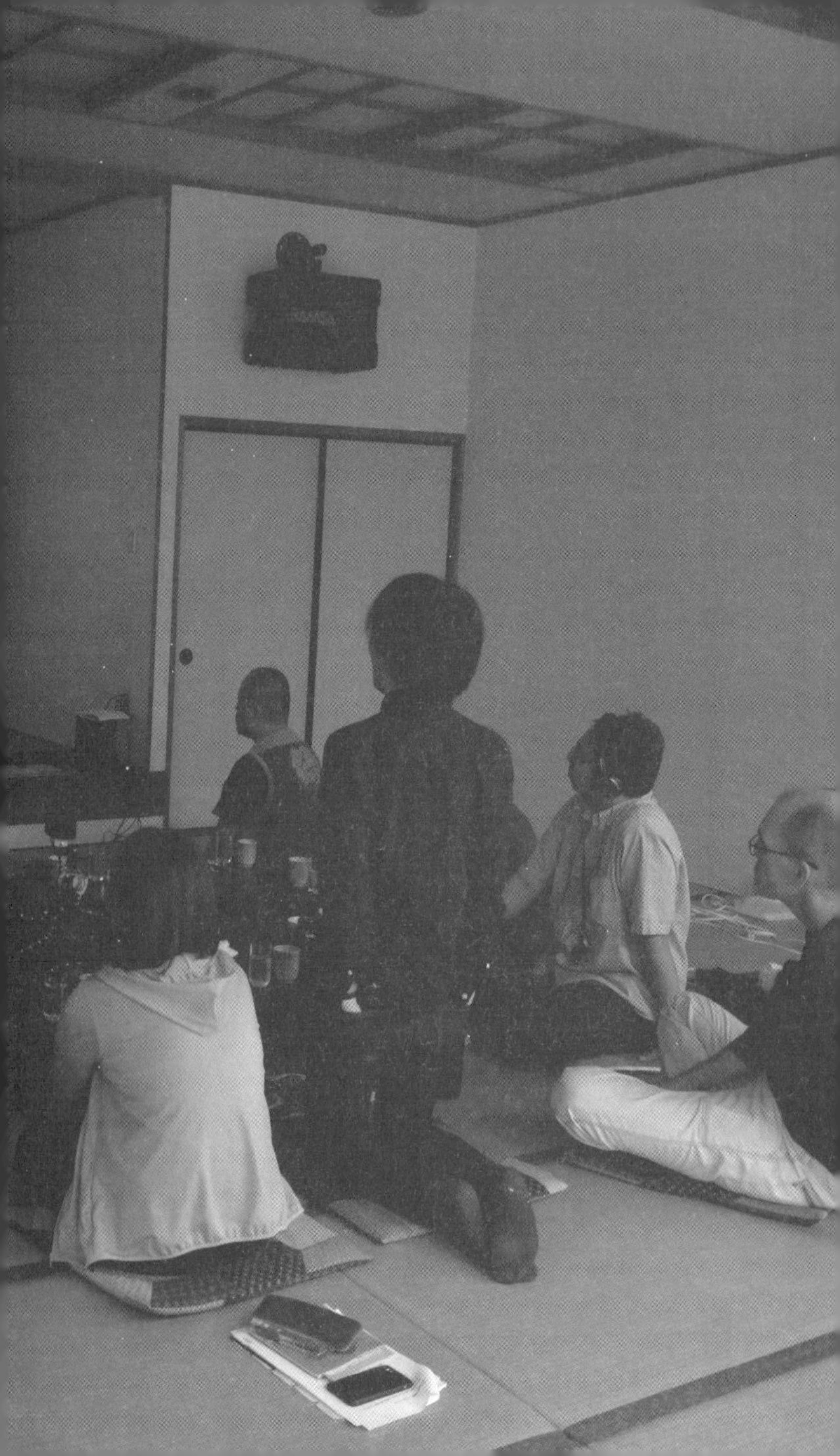

凡例

・テキスト中の作品名は『　』、書籍・雑誌名は『　』（出版社、出版年〈雑誌は出版年と出版月〉）、シリーズ名・記事名・展覧会名は「　」（展覧会は、開催場所、都市または国、開催年）で記す。ただし、テキスト中にある場合は適宜省略した。

プログラム1

変化する葬い、異なる立場からみえてくるもの

プログラム1では、金セッピョルの作品と地主麻衣子の作品を上映し、両者の共通点と相違点から、プログラム2から4に続く議論の論点を提示した。提示された論点については各プログラムの章扉に記載するが、ここにはふたつの作品に映し出された葬いの姿や近年の変化について、研究者とアーティストが虚心坦懐に交わした議論をまとめている。

地主麻衣子

『わたしたちは（死んだら）どこへ行くのか／第1章　東京の墓地』

二〇一九年、十八分

『わたしたちは（死んだら）どこへ行くのか』は、現代の日本社会における様々な死後のあり方をテーマにした五つの章からなる映像作品。本書では、『第1章　東京の墓地』と『第4章　名前のない骨』を取り上げる。

プログラム1で紹介する『第1章　東京の墓地』は、このシリーズのなかで最初につくられた映像で、東京にあるもっとも古い公営墓地のひとつである谷中霊園で撮影された。墓地を歩くと、変化する東京の街の景色と対応するかのように、重機によって取り壊される途中の墓や、更地になった区画が目立つ。近年、無縁になり撤去されるお墓が増えているという。

明治時代から先祖代々この場所でお墓の管理や清掃を請け負う「お茶屋さん」へのインタビュー、墓地に暮らす動物たちの様子を観察する男性、野良猫、墓石を撤去する業者などをカメラはとらえ、谷中霊園の現在の風景を映し出している。

なお、本書で紹介できなかった他の章として、『第2章　うちの墓参り』では福島にある作家自身の家族の墓と母の戸惑い、『第3章　モスクと前衛芸術家』では日本に住むムスリムの方々のお墓、『第5章　彼岸花』では作家が子どものころに彼岸花を家に持ち帰って母に怒られた思い出と地獄絵図の炎の関連について取り上げている。

金セッピョル

『We Don't Need a Grave』

二〇一四年、二十七分

自然葬は、法律で墓地として決められた区域以外の場所に遺灰を散骨する葬法と儀礼であり、一九九一年にNPO法人「葬送の自由をすすめる会」によって提唱された。本作品は、「先祖代々の墓」を建てることが当たり前であった日本において、墓を設けずに自然葬を選択することになった背景に関するインタビューや、焼骨の粉末化から散骨、追悼までの具体的な儀礼過程などで構成される。

作者は二〇〇九年からここの会員となり、組織の運営と自然葬実施現場に携わりながら調査を行なった。調査対象との関係性ができていくにつれて、会で公式的に行なっている自然葬だけでなく、プライベートの自然葬にも同行し、内面の葛藤を聞くことができた。例えば、調査を始めてから間もなかっ

た頃に撮影した、冒頭に登場する公式的な自然葬では、故人が次男だったので新しくお墓を設けないといけなかった、身寄りがないのでお墓を設けても面倒をみる人がいないなどの事情が述べられているが、映像の後半に登場するプライベートの自然葬では、自然葬を選んだ動機が故人の人生や故人と自然葬実施者との関係を振り返りながら語られたり、さらには様々な葛藤はあったものの自然葬を選ぶしかなかった複雑な心境などが述べられる。このような調査対象との関係性の変化も、カメラに収めている。

お墓は誰のものか

マレー　地主さんの作品では、死者というよりも動物たちとか、お墓をケアする人たちが映っていますよね。なので、全然死の世界ではない感じがしました。死者以外のところに注目がいく。実際に墓地に住んでいるのは誰なのか？という点で面白かったです。

　また、金さんの作品のなかでは、自然葬にするために遺骨を粉にするという話が出てきたんですけど、死を物理的にとらえていることにびっくりした。つまり、死者の側からみた話ではなくて、生き残った人たちが遺体をどう処理するか、死者をどう扱うかという立場から語っていたのが新鮮でした。もしかしたら生き残った人の立場で語るのが当たり前なのかもしれないけど……。

門馬　自然葬は亡くなった方が希望してすることが多いのか、それとも生きている方、つまり残された方が希望しているのか、どちらなんでしょうか？

金　基本的に亡くなる方が選ぶことが多いです。しかし、実際に自然葬をするのは非常に難しいことなので、反対する親戚がいたり、既存のお墓はどうするかという問題が出てきたりする。ここに映っている人たちは、亡くなったご本人もご遺族も、どちらも望んでいるから実現したというパターンが多いですね。

　自然葬というのは、墓地ではない区域に散骨する葬法と儀礼なんですけど、この方法を最初に提唱したのが、私がこれまで調査をさせていただいたＮＰＯ法人「葬送の自由をすすめる会（以下、すすめる会）」という団体なんです。この団体は、そもそもお墓が買えないとか、次男だからお墓に入れないという本人にはどうにもできない理由をもっている人を支援しようとしているのではなく、どちらかというと自分の死後のことは自分で決めようという趣旨で活動しているんですね。つまり、自分が散骨されたいと思ったら、散骨してもらえるようにしようという、一種の個人化の現れです[※1]。

門馬　僕自身が過去に取材して撮った映像と、今観たおふたりの映像は全然違うなと思って。僕が取材したパプアニューギニアの社会[※2]においての葬いは、共同体でやるものであって、個人でやるものではない。

　金さんの映像に出てくる、自然葬をする方の考えを聞いても、やっぱり亡くなる人が自分でこうしたいという意見がすごくある。それが特徴的だなと思いました。だからふたりの映像は個人化した葬いを映しているという点で共通してみえるけど、地主さ

墓地に暮らす動物たちについて話すおじさんや、ひっそりと動く動物たちの姿が、語りにオーバーラップされるかたちで映っている／『わたしたちは（死んだら）どこへ行くのか／第1章　東京の墓地』

んの映像は、よりつながらない状態をつきつめるとどうなるのか、というところをとらえていると思ったんですよね。

地主　どういう意味ですか?

門馬　最後のお墓を壊すところが特に象徴的だと思うんですけど、石を砕くことは、もうほとんど無縁になることの象徴なわけですよね。

しかし一方では、谷中霊園を散歩している中年男性が突然地主さんに問題を出すシーンがありましたよね。谷中霊園にいる動物たち——猫、カラス、ヘビ——のなかで、一番強いのはどれか?と聞いてくる。それはむしろ、より大きなつながりを扱っている気もする。つまり、「つながらない」の先に、もうちょっと大きいつながりをみている作品なのかなと思いました。

地主　谷中霊園をどういう切り口で撮ったらいいのかわからなくて、とにかく最初は歩き回ってみていたときに、そこに何かエコシステムみたいな、死者じゃなくて生きている人による、お墓を巡るシステムみたいなものがあるなと思ったんですよね。お墓をきれいにする人、お墓を壊す人、お墓にお金を払う人、そういったお墓を巡る、生きている人の営みみたいなものがみえてきたので、そういう観点も入れました。動物の話も、その場所のエコシステム、生態系という観点でつながってくると思います。

あと、東京の街がどんどんスクラップ・アンド・ビルドされて、街並みが変化していくのと、お墓がどんどん壊されていくのが個人的にはオーバーラップしたので、何とかそこをカットでつなげようとしました。

門馬　スカイツリーを映しているところはやっぱりそういう……。

地主　そうですね。やっぱり谷中霊園は昔ながらの風景が残っていたり、観光名所でエキゾチックなんだけれども、その向こうにスカイツリーがみえたり、タワーマンションがみえたり、東京の変化していく風景がレイヤーになってお墓越しにみえる。それも入れたいなと思いました。

非日常の日常性

堀田　墓石が壊される一瞬前のシーンで、撤去する業者のおじさんが、「何?」と言うシーンがあるじゃないですか。私、あのシーンが一番緊張したんです

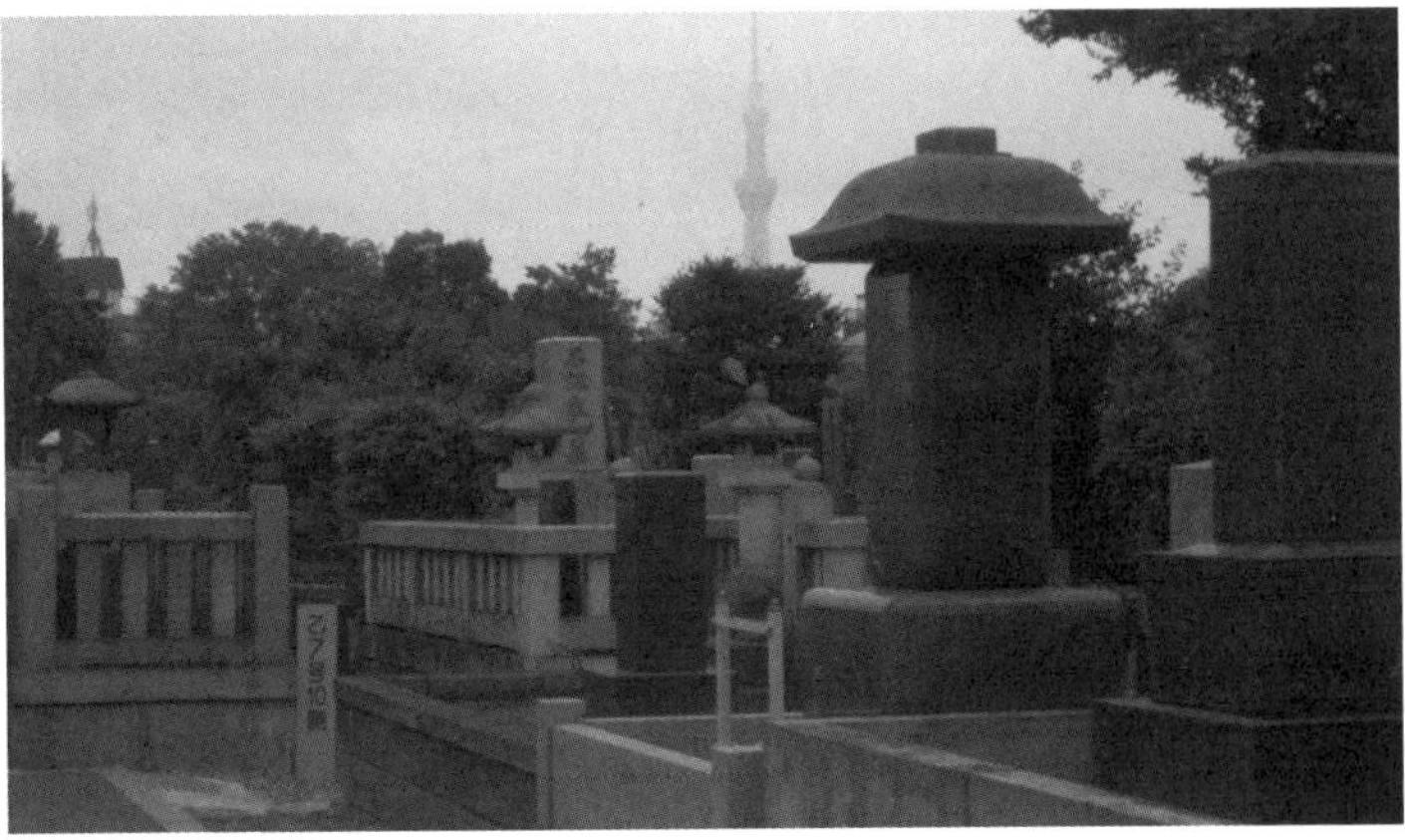

お墓越しにみえるスカイツリー／『わたしたちは（死んだら）どこへ行くのか／第1章　東京の墓地』

けど。あのおじさんが、そのままずっと作業に入らずに、カメラを回してる人に対して「何?・」と警戒した。それが、「あれはかつて墓石だった」という意識をもっている証拠なんじゃないかなと。それを破壊している自分の姿がどう映っているのか気にしていた。だから私にとっては石の割れる音以上に、あの方の反応の方が「壊しているのは墓石や」と思わせてくれるところでした。

映像では「何?・」というところでシーンが一旦カットされて、次に墓石を壊しているシーンが出てくるんですけど、シーンが切られていた時間帯に一体どういう会話がなされたのかなということにもすごく興味が湧きました。

地主　確かにあの方たちは、無邪気というか悪びれずやっている部分と、やっぱりお墓を壊しているという意識の両方があって。もちろん仕事なので悪びれる必要はまったくないんですけど。例えば交渉しているときに、まず親方が「え、何?・」となったので、私が「管理事務所の許可は取っているので撮らせていただけませんか」とお願いしたら、「じゃあ、いいか」となったんですよね。それで親方が若いアシスタントに「この人が作業撮るから」と言ったら、若い人が「いつも通りにやればいいんですよね」と言って、少し力んだようにみえました。プライドというとおかしいんですけど、何かそういうのがみえて不思議な感覚でした。自分がやっていることの意味の重みと、いつもの仕事としてやっている職人的な感覚の両方をもっているというか。

山田　地主さんの映像には「非日常の日常性」の面白さみたいなところが映ってますよね。要するに、我々からみると、結局「石屋さん」とか「お茶屋さん」[※3]のような、霊園管理をしている方々という、非日常の世界でしか接点がない人たちが、どう日常の世界で動いているかが垣間みえるところが面白い。お茶屋という商売自体が成り立つのが、谷中霊園とか染井霊園、八柱霊園という特殊な場所なんですよね。そうした墓付きの、霊園付きの商売はかなり特殊。

例えば、映像に出てくる柄のない箒も独特だと思ったんだけど、あれは墓掃除がしやすいように工夫をしてカスタマイズしているわけなんですね。ああした道具は我々の日常では接点がないものなので、それをみているとやっぱり引き込まれるものがある。あれと似たようなものがオーストリア・ウィーンの博物館にあるんです。ウィーンの中央墓地はヨーロッパの公園墓地としては二番めに大きい墓地なんですけど、そこに博物館があるんですよ。その博物館の最後のところに、霊園管理の自転車が置いてある。まさに映像のおばさんが乗っていたような自転車で、後ろに様々な掃除道具を乗せているんですが、その道具もカスタマイズされていた。そこが博物館

お墓の掃除に向かうおばさん／『わたしたちは（死んだら）どこへ行くのか／第1章　東京の墓地』

のエンディングになっていて、こういうふうに管理しています、ということを伝えているんですね。

　先ほどマレー先生が言ったように、猫の話が出てくる面白さは「ここにも生きているものがいて、日常的に動いているんだ」というところ。僕は死の研究をしていて、例えば葬儀社にインタビューをするんです。研究でも、非日常でしか接点のない人たちにも日常が実はあって、それが非日常を支えているというところを出したいと思いますね。

研究者とアーティスト、それぞれの墓表象

土居　僕は、地主さんの映像を観る前に、「お墓が壊されていく」という説明を読んで自分の頭のなかでイメージしていたのと、実際に地主さんの映像に映っていたのが違っていて「ああ、なるほどな」と思ったんですね。すごい細かい話で恐縮なんですが、あれはお墓を研究されている人の立場としては、お墓じゃないんですよ。墓の寿命を終えたパーツでしかなくて。完全にお墓としての形が残っているものがガッチャンガッチャンと壊されるイメージをもっていたんですけど、僕からすると、映像で破壊されていたのはもうすでに役目を終えたパーツでした。たぶんお墓が壊されていると思う人が多いでしょうけど。
　あの壊されている細長い直方体のパーツは、「何々家墓」と書かれているなら棹石とか門柱とかだし、そうじゃなければ外柵とかだと思います。いずれにせよ不要になったから、破壊している。そうみてしまいますね。
二藤　お墓の役目を終えたとおっしゃいましたけど、お墓の役目というのは、どこからどこまでなんですか？

いつお墓は役目を終えるものだとお考えですか？

土居　当事者にとってのお墓と周りの人にとってのお墓では意味がぜんぜん違うと思うんです。今回観せていただいた地主さんの映像だと、あの墓石を、以前には何かつながりがあったのに無縁になったものと読み込んで、それが破壊されている様子を映していました。つまり、まだお墓としての役目を終えていないものとしてみている。ところが、実際その墓を管理していた人とか、使っていた人にとっては、たぶん見放してる時点でもうお墓としての役目は終わっているんですよね。ましてや石屋さんにとっては邪魔な石材が置いてあるくらいにしか思えないかもしれない。だけど、傍らで横たわっている墓石をみている周りの人にとっては、それが哀れに思える。そういう意味では、お墓がいつ役割を終えるのかはその人の立場によって違う。今のご質問に対してはそう答えるしかないなと思います。

二藤　地主さんはどういうことを感じながら撮られたんですか？

地主　あのシーンは狙って撮ったわけではなくて、たまたま谷中霊園を歩き回っているときに墓石が積んであるのをみつけたんです。もしかしてこれ、誰かが取りに来るのかなと思って撮影していたら、撤去の業者さんが来てちょうど撮らせてもらえたという感じです。偶然だったので自分でも予想も準備もできないまま、とにかくカメラを通してみていたんですけど、最後の一振りで石が半分になった瞬間に、何かモニュメントが壊されるみたいな感覚はありました。先ほどの、お墓の役目はいつまでかという話で言えば、当事者にとってはもうただの石にすぎないのかもしれないんですけど、墓地を歩き回ってたくさんの墓石をみている自分からすればすごい衝撃でした。最後に、そこに積んであった石が全部どけられて更地になって、工事中の立札もなくなった。本当にまっさらになった、そのときの衝撃も大きかったです。

土居　細かい話ですが、更地になっているところというのは、墓石の下の土台や空間のような地下構造物まで撤去されていたんですかね？

地主　どうなんですかね。

土居　谷中霊園は、映像でも説明されていたように、東京の公共の霊園としては一番古いので、ひょっとしたら地下構造のないタイプかもしれないんですよ。以前はそういうタイプもあったので。そういった地下構造のないタイプはわざわざ掘り返さなくてもき

谷中霊園で墓石が壊されている／『わたしたちは（死んだら）どこへ行くのか／第1章　東京の墓地』

れいに更地にできるんですけど、東京都はなるべくそのままにしていたんですね。当時も無縁墓はもちろんあったんだけど、一応無縁墓の改葬公告を出すだけで実際に撤去をするところまでいくことは少なかった。だから新規に墓を設けたい人が区画を購入するために応募をしても、受からないという話がよくあったわけなんです。それが二十一世紀に入って「お墓もなるべく回転率を上げましょう」というふうに変わったんですよ。そういう意味では、地主さんがビルの様子も撮られたのは、二十一世紀になって劇的に変わった墓地システムの新陳代謝とちょうどリンクしているんだと思います。

言語化できない儀礼の幅

金　私は、撮影対象である「すすめる会」に深くコミットしていました。自分で会員になって、仕事を手伝ったり自然葬に同行したり。そのうちに感じとるものはたくさんあるんですけど、なかなか論文で表せないところが多くて。自分が論文を書くのが下手だと言ってしまえばそれで終わりなんですけど、言葉にしてしまった瞬間に失われるものがあるんですよね。せっかく被写体の方たちにこんなに時間をとってもらって、人間として付き合ってもらえたのに、そのなかでみえてきたものを丸々捨てているような気がするときもあった。

瓜生　なんか、金さんの映像が出来上がるまでの、信頼関係を構築していく過程を文化人類学の学生にみせてあげるのが、教育資料として役立つ気がする。

あのレベルにならないじゃないですか、なかなか。僕は文化人類学の授業はとったことないけど、関係をつくっていこうとしても、一歩前に出られないじゃないですか、最初は。

川瀬　映像人類学的に言うと、撮影者と被写体との信頼関係の構築過程をあえて積極的に開示するのが省察モードで、昨今の民族誌映画にもよくみうけられる映画的話法です。ただこれをやりすぎると、舞台裏のみが前景化しすぎて、本当にみせたいパフォーマンス、儀礼の時系列にのっとった営み、あるいは作品の流れのようなものがカットされ、作品が崩れちゃうことも多々ある。省察モードの使用の頻度、タイミングについてはとくに慎重な配慮が必要です。

山田　金さんは、よく言葉に表せないと言うけど、被写体の言葉に託して表しているところもありますね。要するに、最後に出てきた夫を自然葬にする中年の女性が象徴的だったと思うんですけど、「お父

金はこの女性と一緒に寝泊まりしながら、夫を自然葬にした心境について聞いた／『We Don't Need a Grave』

さんは自然葬を望んだし、私もこれでいいと思う。お墓はつくりたくないんだけども他にやり方ないし、これでいいのよね」と自分で自分に言い聞かせながら、戸惑いつつやっていく。その揺れというか語りの幅は、論文で書けばたぶん「戸惑いつつもやった」というふうになっちゃうんですよね。

金　そうなんですよ。

山田　学生運動をやっていたというお父さんお母さんも、自分の人生に重ね合わせて自分の葬儀を選んだ。それでもなお、行きどころのない情動の部分があって、我々としてはそれをどうやって研究に取り込んでいくのかという問題がある。この作品では、その情動の部分がよく表れていたと思います。

　僕は葬送の研究をやっていて、例えば「死んだ人はどこに行くんですか」というような質問は、被写体の方に絶対しないようにしているんですよ。そんな簡単に一言で言える問題じゃないと思っているので。僕は逆に儀礼だけを追うのが好きなので、あまりインタビューをしない。死者にコップでお供えをしている方がいても「これ死者が飲むんですか」と聞けば、みんな飲まないの方に手を挙げるんですよね。じゃあ、なんでお供えしているのか、というところに、儀礼の面白さというか幅があって、研究せずにはいられない。

　だから、アンケートとかインタビューの定型性というか、想定される答えがあるけれども、それを答えてもらったところで全然面白くない。しかし、その幅を映像はとらえていく。僕はむしろ答えさせなくてもいいかなとまで思っちゃうところがあって、お葬式の映像をつくるときは、インタビューはあまり入れない方針ですね。

また金さんの映像はラポール[※4]も巧みですよね。一緒に布団に入って、泣きながら寝るところを撮影するのはなかなかできない。そこまで迫って、語りのなかでの余韻を突き詰めたという点で大変面白かった作品です。

※1　日本では「墓地、埋葬等に関する法律」第四条「埋葬又は焼骨の埋蔵は、墓地以外の区域に、これを行ってはならない。」などの法律により、散骨は違法だと考えられてきたが、一九九一年「すすめる会」が公式的に散骨したことをきっかけに、「違法ではない」という解釈のもとで行われるようになった。ただ、墓地以外の区域に散骨する行為自体について定めている法律はないため、合法でも違法でもないグレーゾーンで行われているのが現状である。なお、自治体によっては条例で禁止しているところもある。

※2　門馬はパプアニューギニア独立国ミリンベイ州の島嶼《とうしょ》地方をフィールドワークし、交易や贈与に関する論文を執筆した。調査のかたわらで葬儀の撮影を行い、映像作品としてまとめている。

※3　映像に登場する「お茶屋さん」は「三原屋」さんというお店である。「三原屋」さんは一八七四年、東京府により谷中霊園がつくられた際、その立ち上げに関わったことがきっかけとなり、その後、子孫代々谷中霊園のすぐ脇にお店を構えるようになったという。お墓にお供えする花などを販売したり、お墓の定期的な清掃や、納骨、法事の準備などを請け負っている。こういうお店をこの付近では「お茶屋さん」と呼ぶ。

※4　研究者と調査対象者の信頼関係や親密性のことを指す。

プログラム2

葬儀を撮ることとは何か

プログラム2では、「葬儀を撮ること」の暴力性といかに向き合うかが論点になる。この論点は、葬儀の撮影に当たってどのぐらいその場にコミットして撮影したかが、金と地主の作品で大きく異なっていたことから導かれた。金の作品が個人の葬儀に深く携わり、語りや行動、情緒を前面に出しているのに対し、地主の作品では人が後景化し都会の墓地空間での出来事が中心になっている。これは、地主が人を対象に葬いという繊細なテーマを撮るという行為が暴力になるのではないかと感じたことに起因する。そこで長年にわたって葬儀の現場でフィールドワークを重ねてきた山田慎也の映像作品を上映し、葬儀の撮影過程や、葬儀において撮る・撮られることの意味などについて議論した。

山田慎也

国立歴史民俗博物館　民俗研究映像シリーズ23
「現代の葬送儀礼」から
『地域社会の変容と葬祭業——長野県飯田下伊那地方——』
二〇〇五年、四十六分

現在、地域社会や家族観の変容、産業構造の変化、消費社会の進展により、死を迎える環境は大きく変化している。特に近代以降、葬儀産業の発展は著しく、いまや葬儀業者に依存して葬儀を執行することが当たり前になっている。「現代の葬送儀礼」シリーズは、葬祭業者や問屋業者、葬具製造業者など葬儀産業の日頃の活躍を中心に、葬儀の現状を把握し、現代における死を照射するものである。

そのうち本作品は、葬儀業者の活動に注目している。作品の舞台となる長野県飯田下伊那地方における葬儀は、かつては自宅で出棺の儀礼までを済ませ

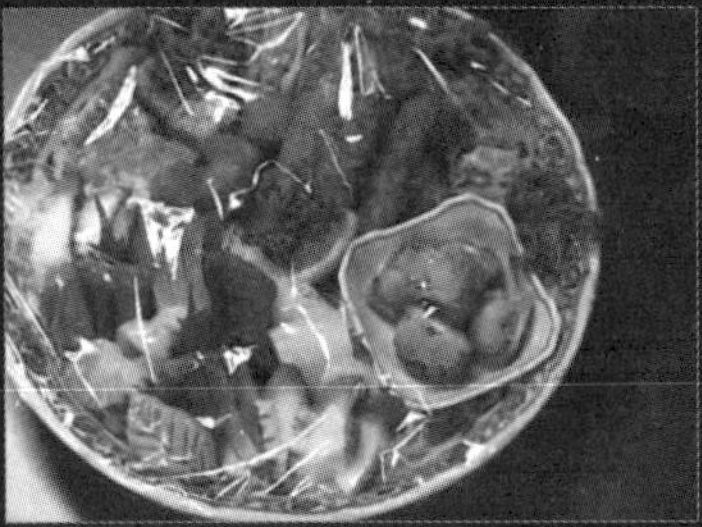

た後、葬列を組んで寺院の庭や墓地などに行き、そこで引導や焼香などをするかたちで行われた。しかしだんだん寺の本堂や自宅など屋内で葬儀を行うようになり、一九九〇年代以降は葬儀の場所が自宅から斎場に移行していった。本作品では、二〇〇三年に行われた葬儀における葬儀業者の活動を中心に、葬儀の変容を描いている。

簡素化する葬儀を通して死と向き合うこと

川瀬　山田さんの映像では、葬式が始まる前に組合員[※1]たちが集まってきましたよね。実は、僕の地元でもあるここ谷汲《たにぐみ》(岐阜県)でも、似たような慣習があります。葬式のことを知らせるために、遺族でも親族でもない組合の人、二〜三名が、電話にもインターネットにも頼らず、近所を一軒一軒まわる。この地域ではこれを「葬式ぶれ」と言います。映像は二〇〇三年の下伊那が舞台でしたが、あのときお通夜は、自宅でやられたんでしょうか?

山田　はい、そうです。

川瀬　でも、おそらく今はお通夜もお葬式も斎場ですかね。

山田　そうですね。

川瀬　今はお葬式の直後、火葬が終わった三十分後とかに、初七日法要まで斎場でやっちゃう。すべて斎場ありき。谷汲あたりの地域で、最後に遺族のご自宅でお通夜と葬儀をやったのは二〇〇七年ぐらいでしょうか。確かに斎場は楽かもしれません。自宅だとサイズ、間取りがいろいろで、やるべきこともそれぞれ違ってきます。斎場だとそういう細かな配慮について考えなくて済む。でも、一気にこんなに簡素化してしまっていいのでしょうか？　スピードと合理性もいいんだけど、ちょっと待ってよと思うところがあります。そこらへん、皆さんはどう思われますか？　おそらく下伊那でも、撮影された当時と現在ではぜんぜん様子が違ってくると思うんですが。

山田　違いますね。この間、ある寺院関係の雑誌に初七日について書いたんですけど[※2]、今、東京では、式中初七日といって、もともと四十分だった葬儀を二十五分でやってしまって、残りの十五分を初七日法要に当てているんですよね。その後、出棺と火葬を済ませて、火葬場で解散する。なので、さらに合理化が進んでいると言えます。

　それならば、もう無理して初七日法要までやらなくてもいいじゃないかと思うんです。儀礼のプロセス、つまりなぜそれをしているのかをきちんと理解していない。ならばむしろ、合理化された世界のなかで、どのように葬儀を行う人々に納得のいく儀礼をつくっていくかが大事になってくるわけです。なのに、そこを考えずにとりあえずかたちだけ済まそうとして、それがいよいよ究極に来たという感じですね。そこまでやるんだったら全部ご破算というか、「いったん葬儀について一から考え直す必要があるんじゃないの、本当に葬儀どうすんの」というふうに思っています。

川瀬　なるほど。二〇〇三年はすごく面白い時期なんですよね。このあたりでは、斎場のみで葬儀が行われるようになるちょっと手前の時代で、「迷ったけど、やっぱり自宅でやる」という人もまだいた時代です。その境目の時期をとらえた貴重な資料だと思います。

民俗映像の狙い

地主　私からも質問させていただきたいと思います。まず、山田先生の下伊那地方の映像なんですけれども、山田先生とは別で、カメラを回している方と編集をされている方がいらしたんでしょうか。

山田　はい、撮影はカメラマンにお願いしました。地元の下伊那でよくテレビの報道番組や博物館の芸能などを撮っている方で、民俗的な事柄の撮影もできる方でした。ただ、シナリオ作成と編集は、私が中心になってやりました。映像制作会社の監督さんに手伝っていただくことはあったんですが、カットのつなぎ方などの指示は全部私がしました。

地主　このプログラムでエンサイクロペディア・シネマトグラフィカ（ＥＣフィルム）を一緒に上映しましたが、ＥＣフィルムの定義のひとつに「映像に映っている行為を観る人が再現できるように、客観的な構図で撮られたもの」というのがあります（ＥＣフィルムについての詳細は九二ページ参照）。山田先生の映像はそれに近いスタイルで、何が起こっているのか俯瞰できるように引きの構図で撮っている部分が多かったですし、インタビューでも客観的にひとつひとつの行為を検証するような聞き方をされていて、それが特徴的だなと思いました。

山田　この作品は、極めて説明的だと僕は思っています。一般の人にもわかりやすく観てもらうために、説明的につくりました。実はああいうスタイルで、葬儀産業や現代の葬儀をとらえた映像シリーズを、全部で六本つくっているんです。今日ご覧いただいた葬儀業者についてのもの以外に、葬儀のプロセスを家族の目線から追ったのが二本、葬儀用品問屋の活動についてのものが一本、そして葬儀用品メーカーについてのものが二本。葬儀用品問屋に関する作品では、骨壷をつくる会社と、経《きょう》帷子《かたびら》など繊維関係のものを制作する会社に取材しました。

この作品は歴博（国立歴史民俗博物館）の民俗研究映像シリーズの一環として制作したものです。この映像制作事業は坪井《つぼい》洋文《ひろふみ》という民俗学者が始めたんですけど、研究者が自分の視点で、映像による民俗資料をつくるという試みなんです。途中から映像論文という言い方をする人も出てきたり。そこで、僕はあくまでもそのときの文化、葬儀の民俗を、後々でもきちんと理解できるように撮りたいと思いました。今回の映像は二〇〇三年なので、「二〇〇三年の葬儀」がわかるように、飯田下伊那の葬儀のかたち、当時のやり方を記録しました。

川瀬　説明的とおっしゃっていたけれど、確かに映像の最初と最後はヴォイスオーバー[※3]を主軸に据えた解説モードで作品を締めていらっしゃいます。でも作品の真ん中の部分は観察モードという、視聴者が対象の人々の行動を観察し追体験できるよう丁寧に構築されている。ヴォイスオーバーを最初から最後まで入れ、「視聴者を教育する」というような解説モードを貫き通す選択肢も確かにあったかと思いますが、あえてそこをグッと抑えて解説と観察のモードをバランスよく、慎重に絡み合わせて構成しているところが本作の素晴らしい点であると思います。

民俗映像の撮り方

地主　山田先生が撮りたいと思っていることについて、どういうふうにカメラマンとコミュニケーションされたのか、そのディレクションの方法も気になりました。

山田　映像をつくるにあたって制作会社に入ってもらうことはよくあるんですが、研究者によって監督やカメラマンとの関係性が全然違って、研究者が監修的に入るケースもあれば、徹底的に制作に関わるケースもあるんですよね。僕の場合は後者で、事前にものすごい細かくお願いしました。

撮り方としては、全体的に引きの画面が欲しかったんです。研究者が全体を見回すような感じで、葬儀を把握できるのが一番大事。だから、顔のアップは絶対にやめてほしいというのを伝えて、あとはもう現場でお任せしました。というのも、いざ撮影が始まると、そんなに動けないんですね。自宅葬だと特にそうです。僕の立ち位置はカメラに映らないところで、とにかく陰に隠れる。そんな現場なので、なにしろもう始まっちゃったらカメラマンとの意思疎通はできないんですね。

基本的に現場にいたのはふたりのカメラマンと僕だけで、音声さんはいないこともありました。ただ、同時並行で撮影するためにカメラを二台使うことはありました。この地域は骨葬といって、葬儀の前に火葬をする地域なんです。なので出棺の場面がありましたけど、出棺のあと霊柩車と遺族が乗ったマイクロバスは火葬場に行くので、僕もカメラマンと一緒にそっちに行ったんです。で、もうひとりのカメラマンには葬儀場に残ってもらって、組合の人々が葬儀の準備をしているところを撮ってもらいました。

カメラマンの人が民俗芸能の撮影に慣れている人だったので、なにしろ走ってくれて。地元の人だから葬儀のプロセスはわかっているので、次に何が起こるかはみえていたんですね。だから、そういう意味では安心できた。

それに比べて、東京で撮影した他のシリーズは大変でした。競争入札で落札した業者は、ドキュメンタリーは撮ったことのないドラマ系の人だったんですね。はじめはシナリオ通りでないと撮れないと言うから、こっちは「ええ?!」みたいな。こちらの趣旨を理解してもらい、完成させるまで本当に苦労しました。

土居　今まで何回かあの映像を観ているんですけど、初めて観たときの「ついに葬式をビデオで撮ったか」という衝撃は今でも忘れられなくて。でも、動画が当たり前になった今の時代に観直すと、意外とスマホとかで撮っているような感覚に近いなと思ったんですよね。あんまりクローズアップもないし、カメラの方をみている人もいなくて、溶け込んでいる感じ。十五年後に観ても観やすいというか、「なるほど、あそこはこういうふうになっているのか」とか「あそこで天ぷらつくっているな」とか、そういうふうに淡々と観れると思って、改めて新鮮でしたね。

葬儀社とラポールを築く

地主　このプログラムでは、被写体との関係性のつくり方についても考えたいと思っています。まず、葬儀を撮るにあたって、撮影の交渉はご遺族の方に直接されたのか、葬儀社さんを通してされたのか、そのあたりをうかがってもよろしいでしょうか？

山田　はい。歴博では事業年度が決まっていて、わりと短い期間で納品までしないといけないので、それに間に合うように前の年から仕込みを始めてました。

葬儀社の方には、「山田さん、やるのはいいんですけど、前もってうちに来て、カメラを回していても不自然じゃないくらいには溶け込んでいてくださいね」と言われたんです。なので、完成する前の年から、毎月一週間ぐらいずつ葬儀社に通って社内を撮り始めました。そういう意味では、葬儀社の方とは、だんだんラポールが取れてきたと。

最初、撮影を許可してくださった社長さんは、撮影期間の約九ヶ月の間に、社員やその親族などお願いできる家があるだろうと思っていたらしいんです。そのときが来たら交渉しようと思っていたけれど、そういう葬儀はなかったわけです。それで十二月になって、「山田さん、これ困るよね？　撮れないと大変だよね？」と。そこで、「個別にお願いするしかない」と専務さんが言ってくださって。「いや、僕もこうなったらもうお願いするしかないと思ってます」と答えました。

そして年明けから毎日、仕事が入ると、専務と一件ずつ検討をしていきました。葬儀社では、遺体を引き取ったあとに「打ち合わせ」という仕事があります。これが一番大事な仕事です。そこで葬儀の日程やら契約などが決まる。その打ち合わせから帰ってきた社員に、様子を聞くんです。つまり、お願いできそうなご遺族かどうか、全部個別に聞いていったんですね。まず重要な条件としては、長くご病気で、ご遺族もある程度覚悟ができていることなどです。

そこからいくつかピックアップして、僕が打ち合わせに付いていくんです。喪服を着て、「実はですね、千葉にある国立歴史民俗博物館の山田と申しますけれども、葬儀の研究として資料映像を残すというプロジェクトがありまして、このように葬儀社さんを通してお願いさせていただきました。なんとか差し支えない範囲で結構なのですが……」とお願いをする。社員の方にあたりをつけてもらって、電話でお願いする場合もありましたが、電話ではやっぱり駄目でしたね。

初めてご遺族のところにご挨拶に行ったとき、条件があると言われましてね。「撮ることは構わないけれども、これはあくまで山田さんからの依頼であって、こちらから頼んだのではないということを近所にきちんと説明してくれ」と言うんです。要するに、自分が撮ってほしくて頼んだというふうに誤解されて、自慢されているように思われたら困る、という話らしいんです。映像を撮るということが、何かステータスのようにとられたら困る、みたいな。すごい不思議な感じだったんですが、あの時代は、近所の人の気分を害すると葬式ができなくなるからなんです。葬儀が始まると完全に喪主は口を出せなくなって、葬儀の取り仕切りはすべて近所がやる。お金も全部渡して、収入から支出まで全部組合が決めていく。引き出物とかも、組合が決めるのが伝統的なやり方です。だから近所との関係が大事。

遺族とラポールを築く

山田　実際の流れとしては、朝に故人が亡くなると、午後三時に打ち合わせについて行って遺族にご協力をお願いする。そして夜になったら、今度は「組合相談」に行って近所の人たちに説明をするわけです。組合相談というのはあの地域の葬儀の始まりで、喪主が一番緊張する場面です。近所の人が集まって、葬儀のすべてを決めていく。そこで僕が近所の人たちに「実は……」と説明をすると、今度は喪主が「そういうわけなんで、ご協力願えないでしょうか、皆さん」と言う。組合員の人にも納得していただいてから、カメラを入れるという流れです。

　ですから、初めからラポールはとれていない。葬儀のプロセスのなかでつくっていったという感じです。なので葬儀が終わるとやっとご遺族とも普通に話せるようになる。その後も新盆とか何かの折に顔を出すようにしていました。そういうふうに一緒にいることで、だんだんラポールは築けるようになります。

　学生の頃は、「葬儀社の社員だと思っていたら調査者だった」みたいなかたちでの調査でしたね。和歌山で調査をしていたときもそうで、遺体を搬送する霊柩車の後ろに乗って、運びながら打ち合わせをしていく。そこでは長らく調査をしていたので、村の人たちも僕のことはよく知っていたのですが、ときどき喪主が初めて会う方だと、打ち合わせが終わった段階で「実は」と言って名刺を出す。「慶応の大学院生なんですけど、葬儀の勉強をしています。邪魔しないようにしますので、お願いできますでしょうか?」と言うと、なんとかいさせてもらえました。

　そのときは三日間一緒にご飯を食べさせてもらいながら張り付いていましたね。葬式なんで、わりと「食べていけ」みたいな感じになる。親戚衆が帰って、僕と遺族だけでお茶を飲んで話している、みたいな関係になっていきました。「やっぱり親が亡くなると悲しいもんなんだぜ」と、ちょっと複雑なことを言われたりもする。このプログラムの趣旨に、葬儀を撮ることの暴力性というのがあったと思うんですけど、そういう意味では、やっぱり暴力ですよ。

瓜生　質問なんですけど、山田さんは当時どんなカメラを使っていました？　というのも、カメラで撮影するという行為が暴力的であるというのは、メディア論とかで一般的に言われていることですよね。写真機とか、放送用のビデオカメラの形が軍事用具から来ているというような話もあるくらいで。

山田　自宅葬のときは「一番小さいデジタルビデオにしてくれ」と言われたので、目立たないようなカメラでした。やっぱり自宅葬のときは抵抗がある。通夜の場面とか。

瓜生　この映像は二〇〇三年に撮られているから、比較的新しいですよね。だから小型ビデオだったのか。一九八〇年代後半とかだったら、大変だったんでしょうね。

山田　無理だと思う。ただ、撮影中の僕の立ち位置はすごい考えましたよ。親族衆が僕をみて「誰？」となったときに、隠れるべきか、挨拶すべきか、場所を変えるべきかを決めるには、アンテナを張らないといけない。その気配をどう感じるかが葬儀のフィールドワークでは重要だと思います。僕はもう、二度と葬儀の映像は撮りたくないな。

「撮られる」意味の重層性

川瀬　葬儀の映像を撮ることが暴力的かという話についてもう少し深堀りしたいです。例えば僕はずっとエチオピア北部でフィールドワークをしてきました。僕のまわりはキリスト教エチオピア正教会[※4]の信者が多いのですが、誰かが亡くなったとき、遺族のみなさんから「葬儀の光景を映像で撮ってくれ」と依頼されることが多い。葬儀の場でたくさんの親族が久々に集う様子を映像で記録することはよいことで、残された映像は家族の宝になると。調査、撮影に関する倫理をめぐる議論はとても重要ですが、撮影の脈絡は様々で、撮るという行為が常に暴力だとは言い切れないと思います。

同時に、撮る側・撮られる側という二項対立図式も、時と場合によっては非常に短絡的なとらえ方かもしれません。エチオピアでずっとお世話になった、拙作民族誌映画『ラリベロッチ――終わりなき祝福を生きる――』の主人公の夫妻は、彼らのパフォーマンスを記録した拙作について「できる限り多く販売し、お前（川瀬）の学費をちゃんと稼ぎなさい」と、日頃から言っていました。もちろん研究映像はがんばっても売れないんですけど。いずれにせよ、撮られる側は搾取される側、というような一元的なとらえ方自体は、ちょっと行き過ぎなんじゃないかと僕は思います。より多元的かつ複雑なつながりのなかに、撮影者と被写体の関係があるんじゃないかな。

山田　僕なんかはずっとスチールを撮ってたんですけども、写真を撮ることに対する評価は、遺族の状況や僕との関係性によって大きく変わってくるんです。例えば、ある家はすごく喜んでくれた。なぜかというと、おばあさんの葬儀で喪主になるべきご当主が病気で出席できなくて、奥さんが中心になったという。そうすると「お父さんにみせたいからたくさん撮ってよ」というわけです。あとでその写真をアルバムにして他の家に配ったんですよね。

でも、先ほど話した、遺族の方に「やっぱり親が亡くなると悲しいもんなんだぜ」と言われた葬儀は、今でも本当に苦い思い出です。その方のお母さんが事故で亡くなられたんですよね。僕はその家の親族衆や葬式を取り仕切っている近所の人たちのことはよく知っていて、彼らはもちろん僕が葬儀の調査をしていることもわかっていた。なので「山田、来たのか。じゃあ、いつも通りやれ」と喪主にも言ってくれた。僕も写真を残して、逆にアルバムにして差し上げようと思って、いつも通り撮っていたんです。ところが、喪主はそれを事故現場に群がる報道記者みたいに思ったみたいで「お前な、俺は親が亡くなって悲しいんだ、ああいうときに写真撮られるのはきついんだわ」と言われた。いや、これは「本当にごめんなさい」と言って。他の人たちに「撮ってやれ、撮ってやれ」と言われて僕も記録になると思って撮ったんですけども「おじさんにそういう思いをさせてしまい本当にごめんなさい」と心よりお詫びしました。

『地域社会の変容と葬祭業――長野県飯田下伊那地方――』

喪主の思いもその場その場で変わるので、そのあたりが本当に難しい。それを読み解きながら調査をしなきゃいけないというのを、いつも自分に言い聞かせています。だから、耳が聞こえなくなって、[※5]つぶやきとか気配がわからなくなってからは、もう僕は現場は無理だと思った。気配は本当に重要だと思って気をつけてきたので。だからこれまでの行いが許されるかというと……業が深いとは思いますけどね。お浄土は行けなそうだよね。

「撮る」ことは暴力なのか

土居　山田さんから、お葬式をきっかけにして知り合った人たちと引き続き付き合いがあるという話を折に触れて聞くんですけど。被写体になった人たちが「そういえば、昔はこうだったよね？」と逆に山田さんに確認することもあるんだよね。

山田　うんうん、そうそう。

土居　「昔、儀礼はこうだったよ」みたいなことを、むしろこちらが提示できるようになる。これは、研究者として地域に長いこと関わっているから起こることですね。

金　私は今の話から大きなインスピレーションを受けました。さっきから撮ることの暴力と言ってきたんですけど、それは映像作品をひとつの完成物、完結したものとしてみるから暴力と思えるのであって。撮影後もずっと関係性はつくられていくものであるとしたら、映像を撮るという営み自体も、私たちの被写体に対する取り組みのひとつでしかないかもしれない。そういうふうに思ったら暴力という見方は変わってくるなと思いました。

私も『We Don’t Need a Grave』の撮影中に苦い経験があります。最後に山での自然葬の場面があったじゃないですか。あれはラポールなしで行ったんですよ。というのも、他のフィールドワークのために東京に行ったときに「すすめる会」の方が「山での自然葬はなかなかみられないから撮ってきたらいいよ」と言ってくれたんです。私はその方が遺族に撮影許可をとってくれたんだと思って、次の日に現地に向かったわけです。突然行くことになったので、服装も全然葬儀に見合った格好じゃなかったんですね。行ってみたら撮影許可はとれていなかったわけで、ご遺族の方にすごく怒られました。しかもその方はアメリカで文化人類学の研究をされていて、「文化人類学の調査はこんなにいきなり来て強引にやるものじゃないよね」とボコボコにされて、本当に泣きそうになりました。自分の申し訳ない気持ちを一生懸命伝えて、なんとか理解してもらえましたけど。最終的には「これもご縁だから」と言ってくださって、一緒に故人の遺灰を撒きました。そういう過程を共有したからか、この家とはずっとお付き合いさせていただいています。人の葬儀を撮るということの重みがわかった経験でした。

※1　現在のように葬儀場で葬儀が行われるようになる以前は、親族、あるいは村の住人で構成される相互扶助集団が葬儀に伴う実質的な業務(死のお知らせ、葬具の準備、炊事、帳付けなど)を行なっていた。その組織のことを、この地域では「組合」と呼んでいる。

※2　山田慎也「葬儀と初七日の後の供養はなぜいかに行われたか：葬送の習俗が揺らいでる深層にあるもの⑦」『月刊住職』二十一巻十一号、興山舎、二〇一九年十一月、一二七～一三一ページ。

※3　撮影された画面とは別途、あとからナレーターが語ったものを被せる手法。作者が伝えたいことを解説として加えることが多い。

※4　エチオピアで発展したキリスト教会。

※5　山田は、特発性の聴覚障害で二〇〇〇年に左耳はほとんど聞こえなくなり、二〇〇八年に右耳の聴力が大幅に低下し、補聴器をつけても日常生活では聞き取りが不自由になった。

プログラム3

名前のある骨、名前のない骨

プログラム3では、映像における主題へのアプローチの方法について論じた。金の作品が個人にフォーカスして、そこから集合的なメッセージを導いているのに対し、地主はそれとは対照的なアプローチ方法をとっていたことから、それぞれのアプローチからみえてくる主題のあり方について話し合いたかったためである。また、主題へのアプローチ方法という問題は、撮る人がおかれた立場と深く関係する。そこで、在日コリアンの葬いという主題について日本人の立場から制作された地主の作品と、在日コリアン当事者の立場から制作された鄭梨愛の作品を上映し、それぞれの立場からの制作意図や、主題へのアプローチ方法、それぞれの方法から浮かび上がった在日コリアンの葬いについて議論を交わした。また韓国生まれ韓国育ちで韓国の葬儀について研究している金が加わり、観る側の立場による映像の解釈についても議論を交わした。

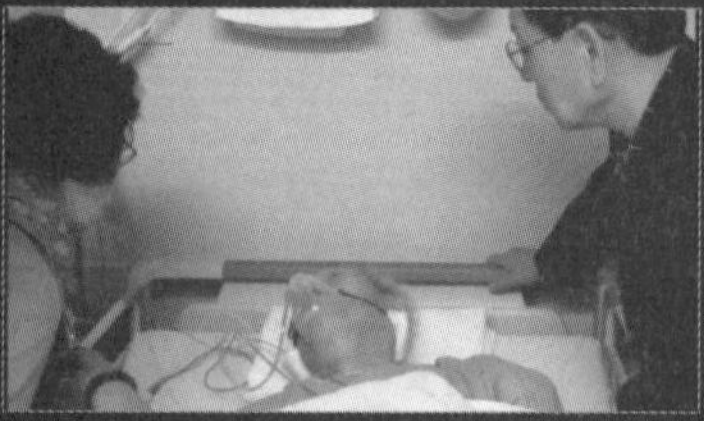

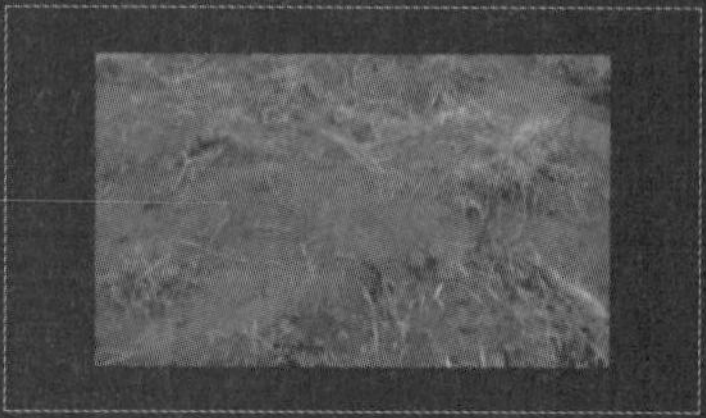

鄭梨愛

『ある所のある時におけるある一人の話と語り聞かせ』

二〇一五年、二十分

在日朝鮮人一世である、作家自身の祖父を対象に制作した映像作品。危篤状態になった祖父のもとに韓国から親族が訪ねてくる場面から映像が始まる。病院のベッドのまわりに集まった家族が日本語と韓国語で祖父に話しかける。次の場面では、生前の祖父が日本に渡ってきてから初めて親の墓参りをするために韓国に行き、親族と再会したときの様子が映し出される。このふたつの場面をつなぐように、娘である作家の母が、祖父の子供時代、日本に渡ってきた経緯、祖父が日本で始めた仕事や家族との思い出を語り、祖父の人生をたどっていく。

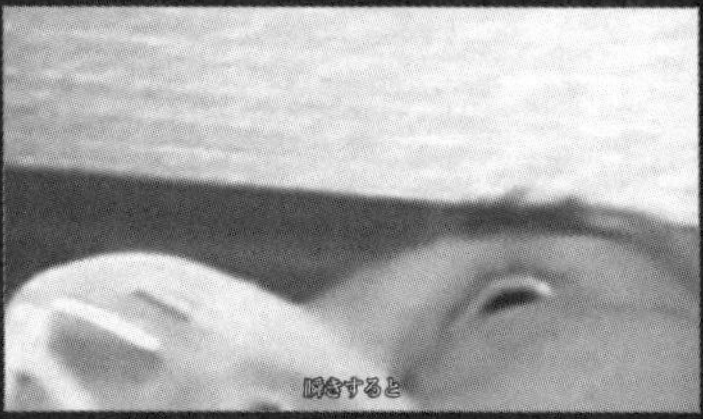

鄭梨愛

『沈晴歌』

二〇一八年、六分

『ある所のある時におけるある一人の話と語り聞かせ』のなかで、主に生前の祖父が親の墓参りをするために韓国に行く場面をモノクロームにし再度編集して制作された映像。韓国の口承文芸であるパンソリの演目「沈晴歌」から、葬いの歌である喪輿歌の歌詞などが引用され、映像に重ね合わせて詠みあげられる。

地主麻衣子

『わたしたちは（死んだら）どこへ行くのか／第4章　名前のない骨』

二〇一九年、三十七分

『第4章　名前のない骨』は、第二次世界大戦中に当時日本の植民地だった朝鮮半島から長崎に渡ってこられ、炭鉱労働や原爆により亡くなった方々の遺骨についての映像。これらの遺骨は、現在にいたるまでお墓に入ることも祖国に戻ることもできず、慰霊塔に保管されていた。戦後七十三年（撮影当時）が経ち、経緯を知る当事者たちも高齢化してきたため、十数年ぶりに状態を確かめるために慰霊塔の扉が開けられることになった。慰霊塔の扉を開けると、そこには十七名の遺骨が保管されていたが、そのうち名前を確認できたのは四名だけで、あとの十三名については名前が確認できず誰のものかわからなかった。

長崎市内から慰霊塔に向かう在日朝鮮人の方々に同行しながら撮影された映像と、戦争犠牲者の遺骨返還に関わられている東京・国平寺の住職さんへのインタビューなどから映像は構成されている。

金　このプログラムで考えたいことはいくつかあります。

まず作品をつくるとき、いろんな人のインタビューを通してあるテーマにアプローチしていく方法と、特定の個人の物語を通してテーマを掘り下げていく方法があると思います。地主さんと鄭さんは同じく在日コリアンの死と葬いを扱っていますが、それぞれが対照的なアプローチをされているんですよね。そこで、おふたりの作品を通して、主題をどのように語ることができるのか考えてみたいと思います。

　さらに、作者の立場が作品に大きな影響を与えるということについても考えたいです。例えば、おふたりが在日コリアンの問題を扱うとき、当事者である鄭さんと日本籍である地主さんは立場がそれぞれ違うと思うんですが、実際どういうふうに同じ問題に接近されているのか掘り下げてみたいと思います。

　ちなみに、この討論には私もちょっと入ります。私はまた立場が違って、在日コリアンのなかでもいわゆるニューカマー、つまり一九六五年の日韓協定のあとに自発的にやってきた、韓国生まれ韓国育ちの人間です。こういった異なる立場からもお話しできればと思います。[※1]

突然現れた朝鮮半島の喪の風景

金　鄭さんの作品は本当に強烈なので、このプログラムの論点に関するディスカッションに入る前に、作品自体についてお聞きしたいことがたくさんあります。まず、この作品はどういう狙いでつくられたんですか。
鄭　狙いのひとつとしては、在日朝鮮人四世[※2]が韓国に向けるまなざしといったところでしょうか。あと、四世が一世を撮るという視点も入っています。

最初に上映した『ある所のある時におけるある一人の話と語り聞かせ』なんですが、日本での映像、つまり祖父が臥せている病室のシーンや、私の実家がある北海道の映像などは、私が撮っています。しかし韓国での、元気だった頃の祖父が映っている映像は、私の母が撮っているんですね。この違いには、国籍の問題が関わってきます。私の両親はどちらも戦前の朝鮮半島にルーツをもつ、日本生まれ日本育ちの人で、いわゆる在日朝鮮人なんです。しかし母と父で国籍が違って、母と母の家族はみんな韓国籍ですが、父は朝鮮籍で私たち子どももみんな朝鮮籍を継いでいます。朝鮮籍者は臨時パスポートを取得しないと韓国に入国できないんですが、それができるかどうかはそのときの政権の裁量によって変わるんですよね。[※3]撮影した当時の韓国は朴槿恵政権だったので、南北の関係もあまりよくなかったこともあり、私は韓国に入国することができなかったんです。な

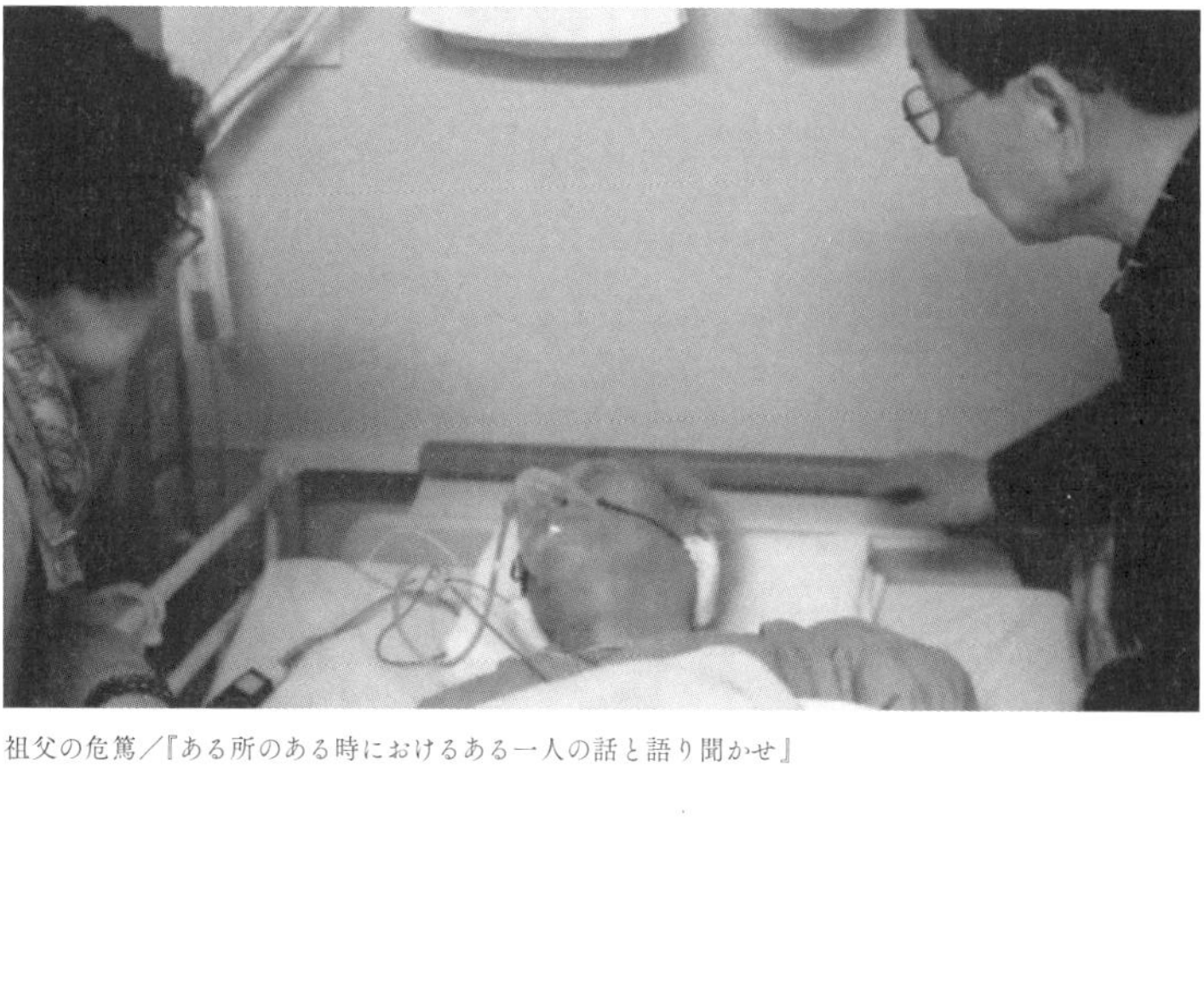

祖父の危篤／『ある所のある時におけるある一人の話と語り聞かせ』

ので私の代わりに母が自分の父親に付いていって撮ったという背景があります。そういう構造をもつものとしてつくったところもありますね。

金　そういう在日コリアンとしての思いを聞いたうえで、葬いという側面からもお聞きしたいです。葬いを撮ることにはどのような狙いがあったんでしょうか？

鄭　祖父が亡くなったとき、死ぬ間際の病室や葬儀の場とかで、自分の目の前に異質な朝鮮半島の風景が一気にみえてきた、というのがあります。

あと、自分にとってちょっと衝撃だったのが、韓国の土饅頭《どまんじゅう》※4です。その風景が不思議だったので映像に残しました。

受け継がれる祖父の記憶と、断絶された葬いの習俗

鄭　『ある所のある時におけるある一人の話と語り聞かせ』より、さらに葬いについて考えてつくったのが『沈《シム》晴歌《チョンガ》』という短い作品です。朝鮮半島には、恨《ハン》という精神世界があります。日本でいう恨みつらみとはちょっと違うんですが、生きている間いろんな苦しいことはあるけれども、それを妥協して明るく笑うみたいな、つまりは、庶民がもっている力強い精神世界だと思っているんですけれども。日本生まれ日本育ちの四世である私が、完全には理解できない朝鮮半島の恨の精神を、ちょっと吸収してみたかった。なので、自分の実体験であ

る葬いのシーンに、沈睛歌という、恨の精神が読みとれる挽歌をかぶせてみました。そういう葬いの意が込められているのが『沈睛歌』という作品です。

金 葬いの思いを『沈睛歌』に託したということですか？

鄭 葬いというよりは、喪というイメージの方が強いかなと思うんですけれども。どう死者を送り出すか、自分が生きていくうえで死者とどう向き合っていくか、そのモヤモヤした問題を解決しようとしたとき、恨という精神世界に自分を助けてくれる何かがあるんじゃないかと思って。それをちょっと考えてみたくなったんですね。

堀田 鄭さんの作品は、両方の作品を観て完結するような感じがしたんですが、二本立てとしてつくられているんでしょうか？

土饅頭（韓国忠清南道公州市に所在する金一族の墓）

鄭　『ある所のある時におけるある一人の話と語り聞かせ』はいろんなバージョンで編集し直しているんですが、『沈晴歌』はその三つめの作品です。[※5] 展示や上映では、今回のように一番最初につくった『ある所のある時におけるある一人の話と語り聞かせ』を流してから『沈晴歌』を観せたり、あるいは『沈晴歌』を補完するような絵画作品などを一緒に観せたりしていました。

金　『沈晴歌』の話者は誰なんですか？　作品のなかで誰が主体になって、誰に向けて話しているのかについてお聞きしたいです。

鄭　難しいですね。『沈晴歌』の冒頭のイメージとしては「昔々あるところに……」みたいな、子供を寝かしつけるときの子守唄のようなイメージでつくりました。『ある所のある時におけるある一人の話と語り聞かせ』も、母が私に「自分のお父さんはこうだった

『ある所のある時におけるある一人の話と語り聞かせ』の映像を再編集してつくられた。生前の祖父が朝鮮半島にある両親の墓参りをする場面に、パンソリの演目「沈晴歌」の一節が重ねられる／『沈晴歌』

んだよ」と語り聞かせるような感じでつくっています。なので、どちらの作品でも親から子へというイメージが強いですね。

地主　今回、鄭さんの作品を拝見してすごく興味深いと思ったのは、人の歴史が人から人へどういうふうに伝えられていき、どこがそぎ落とされたり変化していくのかが象徴的に表されているところだったんですね。『ある所のある時におけるある一人の話と語り聞かせ』では、鄭さんのお母さんが韓国で撮影をされていて、映像のなかで語っている声もお母さんなので、もうちょっとおじいさんに近い視点だと感じました。おじいさんにまつわる記憶が鄭さんよりも多いというか。しかしその後の『沈晴歌』ではそれとはまた違う、おじいさんについての鄭さんの解釈が提示されているように感じたんです。世代が変わるにつれて家族の記憶がどう移り変わっていくかが、異なるふたつの映像からみえてきて興味深いなと思いました。

鄭　そうですね。『ある所のある時におけるある一人の話と語り聞かせ』では、祖父が初めて故郷に帰ったときの映像が中心になっていて、そこはなるべく起こっていることがそのまま観る人に伝わるような編集を心がけました。でも『沈晴歌』では、かなり自分のフィクションが入っている。パンソリ[※6]の物語を重ね合わせたように、いろんなフィクションを引っ張り出して自分なりの喪を表せないかと試みました。日本で生まれ育った自分のものとは全然違う、韓国で受け継がれてきた口承の物語を取り入れることで、自分のルーツを考えてみたかったというのがあります。

金　私は最近、『沈晴歌』にも出てくる、韓国の伝統的な葬いについて研究しています。一九九〇年頃までの韓国では、家で葬儀が終わったら棺を墓場まで運び、土葬していたんですが、その際に使うのが喪輿《サンヨ》というものです。棺だけだったらより少ない人数でも運べるはずなのに、わざわざ二十四人～三十二人ぐらいが運ばないといけない構造の輿をつくって、そこに棺を乗せるんですよね。この喪輿を墓場まで担いでいくときに歌うのが喪輿歌《サンヨソリ》ですが、それが『沈晴歌』にも出てきます。

　喪輿歌は、死者を慰めるためのものだと思われがちですが、実はその場にいる、残された人たちに向かって語り聞かせるものだと理解しています。死者に対する思いというより、いかに参列者を泣かせるかが大事。韓国の葬儀では泣くことが美徳なので、人生がいかに大変で無念かみたいな、ちょっと哲学的なことを歌って、集まった人たちの共感を得るというか、要は泣かせようとします。

金の調査地である慶尚北道で1987年に撮影された喪輿の様子（個人所蔵）

それに対して鄭さんの『沈睛歌』では、明らかに故人（おじいさん）が話者になっていて、故人と鄭さんという一対一の関係に帰結されているようにみえました。そこがオリジナルの歌とは違う部分だなと感じたところです。

鄭　なるほど。そう言われればそうだなという気もしますね。

自分は四世で、北も南も自分の国とは思えないところがあります。そのなかでも一番アイデンティティについて考えさせられる場面が、葬儀の泣くシーンなんですね。冠婚葬祭はまさに民族の文化と風習を確認できる場で、自分は朝鮮半島とは全然違うものを吸収してきたんだと感じるんです。で、その泣き方なんですが、何と言えばいいんですかね。わあって泣くんじゃなくて、吐くように「オウオウ」というふうに泣く。しかも、いっぱい泣くんだけれども、その後はケロッとして、おいしいものを食べて、泣きながら踊ったり太鼓を叩いたりする。ああいう方法が私にはとても理解ができないし、感情移入できないんですけど、そこをあえて自分なりに考えてみようという気もありました。そういうこともあって、喪輿歌を意識的に抜き取って使った部分もあります。本来、喪輿歌は大人数で一緒に歌って共有するものですが、私の作品では私と祖父の間の一対一の関係性に帰結するものとして解釈して引用しました。私は実際の葬儀で喪輿歌が歌われる場面を体験したことがありません。なので、この歌ひとつとっても、日本生まれ日本育ちのオールドカマーである自分と、韓国生まれ韓国育ちのニューカマーで、喪輿を専門的に研究されている金さんとは全然違う意味でとらえているんだと思います。映像のなかで朗読をしている人も、発音がネイティブの韓国人ではなく自分に馴染みのある在日朝鮮人のイントネーションですが、あえてその人に歌ってもらいました。

喪輿歌の一部／『沈晴歌』

マイノリティはいかに葬うか

金　ありがとうございます。次、地主さんの作品についての討議に移りましょうか。

地主　この作品は、プログラム1で上映した谷中霊園の映像と同じように、『わたしたちは(死んだら)どこへ行くのか』という五章立ての映像シリーズのうちのひとつの章です。今ご覧いただいたのは『第4章　名前のない骨』というタイトルで、第二次世界大戦中に犠牲になった、当時朝鮮から渡ってきた人たちの遺骨についての映像になります。

金　作者の立場という側面から始めましょう。我々はいくら嫌でも、国籍というひとつの属性を自分から取り払うことができないと思いますが、日本籍である地主さんはどういう思いでこの作品をつくられたのか、また、なぜこういうテーマを選んだのかお聞きしたいです。

地主　今の日本社会における埋葬や死にまつわる問題について映像をつくりたいと考えたときに、まずはお墓が壊されていく問題や無縁仏の問題などを扱いたいと思ったんです。しかし同時にふと、日本社会に暮らす宗教的、民族的マイノリティである人たちの葬送の文化について、自分が何も知らなかったということに気がついて。

　例えば在日コリアンの方々がどういうお墓に入っているか、どういうお葬式をされているかについて、これまで生きてきたなかで一度も考えたことがなかったということに、自分でも驚きました。なんでそこに思いが至らなかったんだろうと。お墓というと、よくみるお墓のイメージしかなかったんですが、きっと今、日本社会で暮らす人々のお墓にはもっといろんなかたちがあるはずだから、それについて知りたいという思いがありました。

なので、在日コリアンのお墓についていろいろ調べ始めたんですが、最終的に長崎の遺骨問題を取り上げることになったのは、偶然の出会いからの影響が大きいです。東京の国平寺《こくへいじ》という、在日コリアンの方々にとって重要なお寺があるんですが、そこの住職さんにインタビューにうかがったとき「そういえば来週長崎で大きな動きがあるから行ってきなさい」と言われたんです。

長崎で戦時中に亡くなった朝鮮の方々の遺骨が安置されている場所があるんですが、その扉を十何年ぶりに開けるということでした。そのようなご縁で

朝鮮人慰霊塔の下の石室を開けようとしている／『わたしたちは(死んだら)どこへ行くのか／第4章 名前のない骨』

撮影させていただくことになった。だから自分としても長崎の原爆とか炭鉱労働で亡くなった方のご遺骨がああいうかたちで保管されていること[※7]や、そこにどういう経緯があったかなどほぼ無知のまま飛び込んで目撃したという感じです。これは多くの人に知られていないことなので、目撃してしまったからにはなんとか他の人にもみせないと、と思っていました。

語る責任と「無邪気な暴力性」

門馬　最初から撮影するつもりでカメラは持っていったということですかね。

地主　そうです。最初に住職さんから「すごく貴重な情報だから撮ってくれ、残したい」というふうに言われまして。映像の途中でも朝鮮総連[※8]長崎支部の方が私に「遺骨の名前を全部カメラで映して」と言うシーンもあります。なので、撮るのは前提でした。

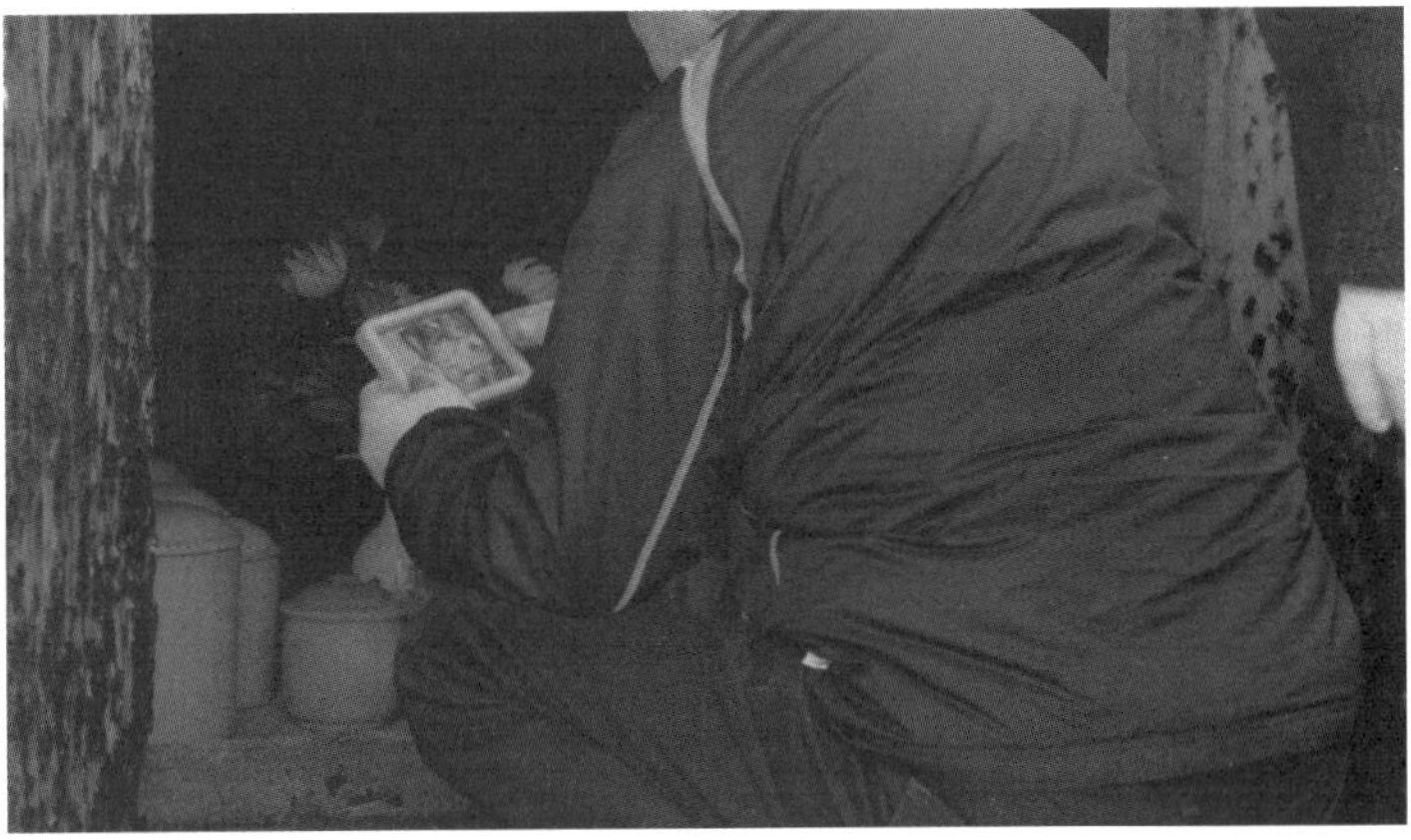

開けられた石室に朝鮮人の骨壺が並んでいる／『わたしたちは（死んだら）どこへ行くのか／第4章　名前のない骨』

門馬　むしろ向こうから撮ってくれと言ったんですね。

地主　はい。住職さんは、世の中の人々はこういう問題に関心がないとおっしゃっていました。本来だったらＮＨＫが来て取材するべきだけど、誰も来ないと。撮って、みてきなさいという感じでした。

金　この第4章では、ドキュメンタリー的に説明しないといけないという、責任感のようなものを感じます。

地主　そうなんですよね。何かの縁で自分はこれをみることができた。みたからにはこっちで勝手に編集してつくり変えられないという思いと、人にみてもらうために面白くというか、みやすくしないといけないという思いの両方があって、そこですごく葛藤しています。どこまで説明するべきなのか、今でも悩みながら編集しているところはあります。※9

金　なるほど。

土居　今、編集中とおっしゃいましたけど、取材させてもらった側、つまり被写体のほうには途中で「こんな感じになってますけど、いかがでしょうか」みたいな交渉をしながら進めているんでしょうか。あるいはそういうのは一切しないで最終バージョンでみせるつもりですか。

地主　まず国平寺の住職さんに「今、編集中で、最終的には美術館で発表することになります」ということを伝えて、「発表する前にどういう感じかご覧になったほうがいいですよね」とおうかがいしたら、住職さんには「いや、これは芸術作品だから、あなたが好きなようにつくりなさい」と言われました。ただ、「ここはこうだからみたいには一切言わないから、できたらみせて」とはおっしゃっていました。長崎で取材をさせていただいた方にも電話をして同じように聞いたら「こちらとしては国平寺さんの意向に沿うだけだから、住職がそう言うならそれで」ということだったので、今の段階ではできてからご覧いただきたいと思っています。

マレー　ちょっといいですか。今の説明を受けて、この作品は芸術なのか記録映画なのかという疑問が浮かびました。私は芸術だというふうに受け取ったんですけど。でもお坊さんに映像を残しなさいと言われたのがバックグラウンドにあったのだとすると、プログラム2の山田さんの映像にちょっと近くなったような気がするんですけど、それはどうでしょう？

地主　そうかもしれません。これ以外にやりようがなかったというか。例えば、鄭さんみたいなアプローチは、私にはできないと思います。このテーマにおいて私なりにできる一番誠実なことは、「みた」ということを伝えること。だから私がしゃべっている声はもちろん入っていますし、私の無知な質問で相手がちょっとイラッとするのも会話から感じとれたりする。それが自分という存在を出せるギリギリのところで、これ以上自分の解釈を入れたものにはできないなと思っています。

金　私はその辺ですごく違和感があって。これは韓国人の立場としての話なんですけど、日本籍の地主さんが歴史問題を扱ったということで、地主さんに立場表明のようなものを求めたい気持ちが、どこかにずっとあるんですよね。この問題に対して、結局何が言いたいの？と思っちゃう。だからさきほど「日本人としてどういう思いでつくったんですか」という質問をしましたが、なぜ私がこういう質問をしているのか、私にもわからない。

地主　私自身が何か言いたいという問題ではなく、たぶん、まず知らないということです。私も知らなかったし、日本人でも知らない人がほとんどだと思うんですね。なので、まずは私がみたものを、なるべく伝わりやすいかたちでみせたいというのがありました。それで記録映画的な側面が多くなっていると思うんですが。

土居　あのね、さっきから「無邪気な暴力性」というキーワードがずっと浮かんでいて。無邪気さというのは「私は何も知りません、イノセントです」という感じかな。そういう態度で表現されてしまうことが、僕にはものすごい暴力的にみえるんですよ。それは前のプログラムで話されていた暴力性とはちょっと違うレベルだと思うんですけれど。

例えば「国平寺さんがＯＫとおっしゃったからＯＫですよ」というのは、国平寺さんとそちら側の問題で、撮る側としては問題ないかもしれないけど、僕なんかは撮る側と撮られる側のヒエラルキーのようなものを感じるんですよね。「国平寺さんが言ったんだから文句は言えないでしょう」というのは、撮る人たちがもつ権力性や、撮る側と撮られる側の関係性を強化しているようにも聞こえるんです。

今回の韓国朝鮮ネタは、あえてネタと言いますけど、最初は鄭さん、金さん、地主さんの三人でずっと話を進めていて、韓国語が少しわかる人（堀田さん）が絡むぐらいでした。それ以外の、例えば僕なんかはちょっと介入しづらかった。もう、障壁ができている感じなんですよ。下手に触れられない問題だということを改めて意識したというか。こういう話題が出た途端に真面目に取り組まなきゃいけないというプレッシャーのようなものがある。それが金さんがおっしゃっている、立場表明というあたりともつながりそうな気がしたので、発言をさせてもらいました。

金　なるほど、わかります。授業で日韓問題が出てくると、日本人の学生たちはいきなり無表情というか、自分を完全に隠す表情にパッと変わるんですよね。たぶん韓国人の教師が言うからなおさらだと思うんですが。

　でも先ほどの地主さんの話を聞いて、新しいなと思うところがあって。私は「歴史的な問題に対する立場はどうなの？」と問いたい気持ち、つまり韓国で生まれ育って、教育を受けてきた者としての感情がある反面、研究者の立場としてはそれを乗り越えたいという考えをもっています。国籍というひとつのアイデンティティは絶対的なものではなくて、相対化して考えられるものだというのは学生たちにも強調していることですし、日本人だから昔の責任を継承するべきだと強く考えているわけでもない。どちらかというと帝国主義、それ自体に対して、同じ人類として対抗していきたいという考えです。「私は日本人だから、過去のことについてすごく反省しています」という道徳的な態度をみせる人たちがいらっしゃいますが、それはコインの両面のようなもので、ある意味、国家主義的だと思っているんですよ。「あなた、そこまで日本人なの？」と思っちゃう。なので、歴史問題を、この時代を生きるひとりの人類として、「みた」ということだけを伝える方法は新しいやり方だと思いました。

二藤　地主さんの映像について、記録映画かアート作品かという話があったんですけど、僕はあまりピンとこなくて。アート作品には何が求められて、記録映画には何が求められるかということは、はっきりと線引きできないと思うんです。そのうえで、じゃあ、地主さんの作品は何をもってアート作品と言えるかについてずっと考えていたんですけど、土居さんがおっしゃった無邪気な暴力性というのが、まさにこの映像をアート作品たらしめていると思いました。

　地主さんは長崎の遺骨問題について取材されるとき、詳しく知らなかった立場から話を聞き編集をされているので、よく熟知している人がつくる場合とはかなりニュアンスが違ってきます。それによって、観る側にもまったく違うものとして受け取られるわけです。まず、この問題を熟知している人にとっては、映像に出てくる言葉や情報がすでに自分の知っている知識と紐づいていき、結果的に記録映画として受け取られるんだと思います。しかし地主さんはこれを美術館で発表されるとのことでした。そこに来る日本人のうち、どのくらいがこの問題について詳しく知っているかと考えると、あまり知らないだろうと。なので、まさに地主さんと視点を共にして、地主さんと同じく素朴に、無邪気に、この問題に初めて入り込むことができるんだろうと思います。つまり、ある種の無邪気さ、それゆえの暴力性や放ったらかし感があるからこそ、僕はこの映像は美術作品である、アートであると感じます。

　また日本人である地主さんがこの問題を扱うことにどういう意味があるのか、立場表明が必要なのかという話についても、僕はまったく同じ理由で、日本人である地主さんがあれを撮ったということに意味があると思うんです。今はポスト真実の時代とも言われて、歴史修正主義が台頭してきた。自分が信じたいことを信じ、さらにそれを本当の歴史として広めようとする人たちがいて、無邪気な人たちは案外そっちにも感化されるわけです。なので研究者目線ではなく、今、日本にいるひとりの人間として、草の根的な取材をして制作されたことに、この作品の大きな価値があると思いました。

土居　最近、民俗学や社会学周りで、よく歴史実践という言葉を聞きます。歴史は歴史家だけがつくるものではないという考え方[※10]なんですけど、今のやり取りのなかで、この映像も歴史実践のあり方のひとつとしてみると、腑に落ちる気がしますね。

金　地主さんの作品に対して、鄭さんはどう思いますか。

鄭　地主さんがこういった映像を撮られたことは、純粋に嬉しかったです。というのも、私はまさに映像に出てくる朝鮮総連の傘下の大学に通っていたし、民族教育を受けてきた朝鮮籍の人間です。そこに属する身としては、それを扱っている地主さんの手つきは、すごく誠実だと思いました。最初は無知であるのは誰しもそうだし、たとえマジョリティであっても立場を問われることはあります。そういうときにどういう答えを出すか、どういう姿勢を示すかは、研究者やアーティストである以前に、人としての問題だと思うんです。
　あと、映像に映っている人たちと同じコミュニティに属している身としては、あそこまでたどり着くのはなかなか難しかったんじゃないかと思いました。例えば、私たちのコミュニティのなかでは国平寺はすごく有名なお寺で、私も住職さんにお会いしたことがあります。ただ外部の日本の方がそこにリサーチに行き、そこで長崎の総連本部の委員長までたどり着くのは、かなりの入り込み具合だなと。

韓国社会における「在外同胞アーティスト」へのまなざし

金　作者の立場とは別で、映像を観る側もそれぞれの立場によって受け止め方がぜんぜん違うということが、これまでの議論で露わになったと思います。さらに鄭さんに質問したいんですが、この作品は韓国でも上映されたんですよね？

鄭　そうです。

金　韓国では「コリアン・ディアスポラ　離散を超えて」（京畿道美術館、韓国、二〇一八年）という展覧会で上映されたとうかがいました。私は韓国側の民族主義的な反応が予想できてちょっと気持ち悪くなるんですけど。実際にどういう反応があったか、また鄭さんがどういうふうに感じられたかについてお聞きしたいです。

鄭　その展覧会は、日本による植民地時代から南北分断までの間、世界に散らばってしまったディアスポラの人たち[※11]を韓国に集めて、彼らがつくった作品を展示するという趣旨のものでした。私は在日朝鮮人枠で呼ばれたんですが、他にも、中国、ロシア、ウズベキスタン、カザフスタンに住んでいる人たちがいました。

私が思うに、『ある所のある時におけるある一人の話と語り聞かせ』のひとつのポイントは、私ではなく韓国籍の母が撮影したところです。そこを韓国の人たちがどうみたかというと、正直、スルーされたと思います。「大きな力に振り回されて散り散りになってしまったかわいそうな人たち」を自分たちのもとに引き寄せて、団結しようという考え方。「散ってしまったあなたたちを拾ってあげますよ」という考え方ですね。そういうふうに取り上げられた背景には、北と南がよい関係になっていた当時の情勢があると思います。つまり、「もっとひとつになろう」という狙いがあった。

　理解できなくもないですが、結局それは小さい分子たちを殺していく作業だと思うんです。韓国語がしゃべれない、風習も文化もわからない私は、「あなたは韓国人なのに韓国語がしゃべれないんだ」と言われ、何かを強いられていると感じるところもありました。『沈睛歌』についても「ああ、日本で生まれ育った人が拙いなりに、韓国の民俗芸能のパンソリを用いて作品をつくっている」という見方に回収されてしまった気がします。今の時代だからしょうがないことかなとは思いますけど。

地主　でも鄭さんの作品の素晴らしいところは、国籍の問題や韓国の文化、日本と韓国の間で翻弄された人々の人生が描写されていることももちろんあるんですが、それを超えて、人がどう生きて、その記憶が次の世代にどのように受け継がれるのか、またそれがどう消えていくかというところまで表現されていることだと思います。世代が重なるごとに記憶は薄れていくというか、改変されたり、消えてしまう。そのはかなさのようなものに、すごく感じ入りました。すいません。ちょっと、思いが高ぶってしまいました。

受け継がれる死と、行き場のない死、その境目にある歴史問題

山田　人は生きて、そして亡くなって、次の世代に記憶される。そして、その記憶が次の世代の実になって、またその次の世代の実になっていく。個別の情報は消えていくんだけども、次の世代は何らかのかたちでその記憶を引き継いで生きていくということを強く感じた。

ところが一方で、地主さんの取り上げた遺骨に関しては、記憶や、死者に対する生者の思いみたいなものが引き継がれていないがゆえにむき出しのまま放置されてしまっている。それが引き継がれれば、何らかの形で安心して成仏できるというか、死者が安定するプロセスに行けるんだけれども、行けない。その悲しみが、厳然としたモノとして存在する遺骨に残っちゃったということですよね。

人の死という現実を前にしたときに、その個人の個性は忘れられても、何らかのかたちで次の世代に伝わっていくという希望がどこかにありますよね。が、それを突然絶たれてしまった。せめて名前があってどういう人だったかという情報が残っていれば、まだ生きてきた証として受け止められるんだけど、それすらもできない可能性が極めて高い。そこに歴史というか、様々な社会背景が横たわっている悲しみみたいなものが表れていました。

地主　故郷に帰れず七十年以上も一時的な場所に置かれたままの、しかも誰のものかもわからない遺骨をみたときに、生きる時代と場所によって自分もこういう境遇になったかもしれないと恐ろしさを感じました。今私たちはお墓をもつかもたないかを考えたり、迷うことができますが、それは当たり前のことではないんだなと。

これは日本に生きる私たちの歴史で起こったことで、直視するのは辛いですが、みないふりをしてはいけないと思います。これは遠い過去に起こったことではなくて、まだ解決していないし、今起こっている差別や移民の問題にもつながっていると感じます。またこのような過ちが起こらないように自分のこととして考え続けていくことが、せめて今生きる私たちにできる償いなのではないかと思います。

金　ふたつの映像とも、歴史の紆余曲折で半強制的に他郷で死を迎えてしまった人々の物語だったと思います。でも山田先生もおっしゃったように、子どもや孫に受け継がれる死とそうでない死の対比が鮮明で、いたたまれない気持ちになりました。一方で受け継がれる死の方も、子孫が四世にもなるとその受け継ぎ方に迷いが生じていて、なんとか自分なりに受け継ごうとする鄭さんの努力が切なく思えます。さらにはその努力をあまりにも簡単に民族主義に包摂しようとする人たちがいて、怒りを覚えました。

死と向き合うことはそもそも言葉にできないほど困難なことですが、さらにもうひとつのレイヤーが重なっている。それが日本でも韓国でもマイノリティである鄭さんの、おじいさんに対する葬い方や作品に表れていると思いました。

また、朝鮮半島にルーツをもっている人々の死について、朝鮮籍である鄭さんと、この問題についてあまり知らなかった日本籍の地主さんがそれぞれ作品をつくっていて、さらにはそれについていろいろ意見を言う韓国籍の私と、発言するのが気まずいと感じるみなさんとの違いがあって、マイノリティについて語ることの暴力という話題も浮かび上がりました。難しい問題ですが、とりあえずできることは今日のような自省の姿勢を保ちながら絶えず記憶し、語っていくことしかないと思います。

※1　本書では、朝鮮半島にルーツをもちながら日本に住んでいる人たちを在日コリアンと呼ぶ。在日コリアンは、①日本による植民地時代（一九一〇～一九四五年）に来日した人々や朝鮮戦争時代（一九五〇～一九五三年）の紛争から逃れて来日した人々とその子孫、②一九六五年の「日本国と大韓民国との間の基本関係に関する条約」によって国交が結ばれてから来日した人々に大きく分けることができる。①に属する人たちをオールドカマー、②に属する人たちをニューカマーと呼ぶことが多い。

※2　鄭は父方で数えると四世になるが、作品に主に登場する母方は、鄭の祖父が来日したことをきっかけに日本に定着された。母方からみると鄭は三世であるが、父方で表記することが一般的であるのと、鄭自身が四世と認識しているため、本書では四世と表記する。

※3　戦前の在日朝鮮人は「日本国籍者」であり、敗戦後のＧＨＱも日本に残留した朝鮮人が「日本国籍」を維持するものとみていた。しかし、日本政府は一九四七年五月二日「外国人登録令」を発令、在日朝鮮人を「国民」から排除した。ところが、発令当時朝鮮半島にはまだ正式な国家が成立していなかったため、発令に伴う登録書類の国籍欄には以前の国名である「朝鮮」が記載された。このようにしていわゆる「朝鮮籍」が生まれたのである。しかし、朝鮮は既に存在していない国家だったために「朝鮮籍」は、正式な国籍ではなく、実質「無国籍者」の記号となった。

　このように最初はすべての在日朝鮮人の国籍表記が「朝鮮」であったが、朝鮮半島の内戦と分断が在日朝鮮人社会に影を落としているなかで、大韓民国を支持する人々は、次第に朝鮮籍から韓国国籍へと変わっていった。特に一九六五年の日韓協定による両国の国交正常化以降、韓国政府の要請に応じて日本政府は韓国国籍を選択する在日朝鮮人にのみ永住権を与えた。以来「朝鮮籍」のまま残った人々は政治的に朝鮮民主主義人民共和国（北朝鮮）を支持する人々であるという印象が強まったが、なかには政治的な理由ではなく、どちらかの国籍を選ぶことが祖国の分断を認めることであるという理由や、在日朝鮮人としての独自のアイデンティティを保持したいなどの理由で朝鮮籍を維持している人々もいる。

北朝鮮は朝鮮籍の在日朝鮮人を北朝鮮の「海外公民」として認めているために、朝鮮籍の人は、申請すれば北朝鮮からパスポート発給を受けることはできるが、このパスポートでは韓国入国ができない。韓国に入国するためには、韓国領事館に「旅行証明書（通称、臨時パスポート）」発給を申請しなければならない。韓国政府は「南北交流協力に関する法律」にて「外国の国籍を持たず、大韓民国のパスポートを所持していない海外居住同胞が韓国に入国するためには旅券法に基づいた旅行証明書の所持が必要である」と定めている。

※4　韓国では概ね朝鮮時代中期以降、遺体を土葬し、その上に土を饅頭のように丸く盛り上げる形の墓が広まってきた。土饅頭の墓が集まっている風景は、現在も郊外の道路を車で走っているとあちらこちらで目にすることができる。

※5　鄭がここで言及している三つの映像作品とは、二〇一五年に制作された二十分版の『ある所のある時におけるある一人の話と語り聞かせ』、二〇一六年に編集を少し変えて制作された十三分版の『ある所のある時におけるある一人の話と語り聞かせ』、そして二〇一八年に制作された『沈晴歌』を指す。

※6　パンソリは韓国の口承文芸のひとつである。歌い手ひとりと太鼓の奏者ひとりで構成され、物語性のある歌を打楽器の伴奏に合わせて歌うかたちが一般的である。

※7　長崎県松浦市にある朝鮮人慰霊塔には撮影当時（二〇一八年十二月）十七名の朝鮮籍者のものとされる遺骨が保管されていた。取材をさせていただいた「在日本朝鮮人総聯合会」長崎県本部の金鐘大委員長と「長崎在日朝鮮人の人権を守る会」の柴田利明さんはこの遺骨について以下のように語ってくれた。
「第二次世界大戦後、朝鮮人連盟の金順相さんは、原爆や炭鉱などで犠牲になった朝鮮人の遺骨百五十六体を集めて保管し、

いずれは祖国に返そうという運動を起こした。しかしその後の朝鮮戦争により、朝鮮半島は分断されてしまう。国交が回復した大韓民国に遺骨を返還しようとするも、一部の遺骨は韓国出身者のものではないと戻ってきてしまった。そこで慰霊塔を建てて、現在の朝鮮民主主義人民共和国である地域の出身者であると思われる人たちの遺骨が保管されることになった。」

　戦後七十三年が経ち、経緯を知る当事者たちも高齢化してきたため、十数年ぶりに状態を確かめるために慰霊塔の扉が開けられることになった。保管されていた遺骨のうち名前を確認できたのは四名だけで、あとの十三名については名前が確認できなかった。

※8　在日本朝鮮人総聯合会の略称である。在日コリアンのなかでも朝鮮民主主義人民共和国を支持する団体である。大韓民国系には、在日本大韓民国民団（略称：民団）がある。

※9　合宿では仮編集版が上映されたが、その後映像が完成し、展覧会「表現の生態系　世界との関係をつくりかえる」（アーツ前橋、群馬、二〇一九年）で発表された。展覧会の時点では、『名前のない骨』は第5章だったが、その後、章の順序を変更し、最終的に第4章になった。

※10　人々が日常的実践において歴史とのかかわりをもつ諸行為（保苅実『ラディカル・オーラル・ヒストリー　オーストラリア先住民アボリジニの歴史実践』御茶の水書房、二〇〇四年）。歴史は歴史家の占有物ではなく、専門家・非専門家の様々な人々が過去と向き合い、現在の現実世界を創り上げるという考え方である。歴史実践は文献だけでなく物や映像、口頭伝承など多様な媒体として現れるとされる。

※11　ディアスポラは、ある民族が強制的、半強制的に分散居住するようになった状態を指す。元来はパレスチナ地域を離れて

世界各地に分散したユダヤ人コミュニティを指す言葉であったが、十九世紀末以降の朝鮮半島でも似たような状況が生じたことから、「コリアン・ディアスポラ」という用語も登場した。政治的混乱や飢餓、植民地政府による強制などで満州、サハリン、旧ソ連領に移住した人々やその子孫が現在もなお居住している。

プログラム4

土の下の世界／非倫理性

プログラム4は、地主の作品に対する金の違和感、ないしは驚きから始まった。金の作品が一貫した問いに沿って構成されているのに対し、地主の作品は一見したら非論理的に思える部分——例えば谷中墓地の現状に関するインタビューがあると思ったら、墓地を散歩する男性がいきなり猫とヘビの話をする——が混じっていた。しかしそれが不思議と、墓地の雰囲気の描写を際立たせる。ここでは論理に回収されない領域に現前する葬いのあり様について、言葉では説明できないがどこか死を連想させる二藤建人の写真や彫刻作品の制作過程を中心に議論した。

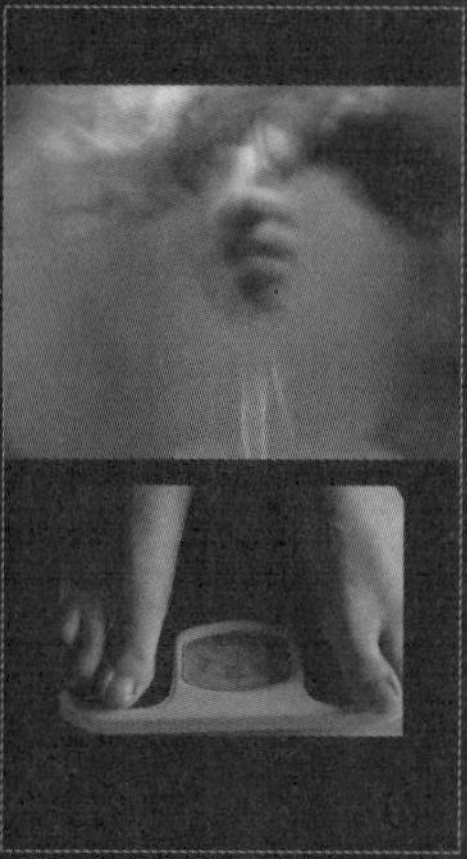

二藤建人

『Our Weight Is a Love from the Earth.』

二〇一五年、七分

「私たちの重さは地球の愛」と題された、人間と重力の関係について考察したこの作品は、縦構図でつくられており、観客は16：9の画面を縦にした状態で鑑賞する。映像は、ロケット打ち上げのカウントダウンから始まる。轟音とともに発射されたロケットは、重力に逆らって宇宙に向かって突き進むかにみえたが、途中で爆発し、火に包まれ地面に落下する。対比されるように、父、母、子と思われる裸の人たちが森のなかにいるシーンが挿入される。父が母を、母が子を肩の上に担いでいるので、三人は縦長のオブジェのようにもみえ、彼らがゆっくりと地面に沈んでいく様子が映し出される。他にも、体重計の針、ブランコにのって宙に浮かぶ行為、首吊り自殺を連想させる天井からぶら下がった縄の映像など

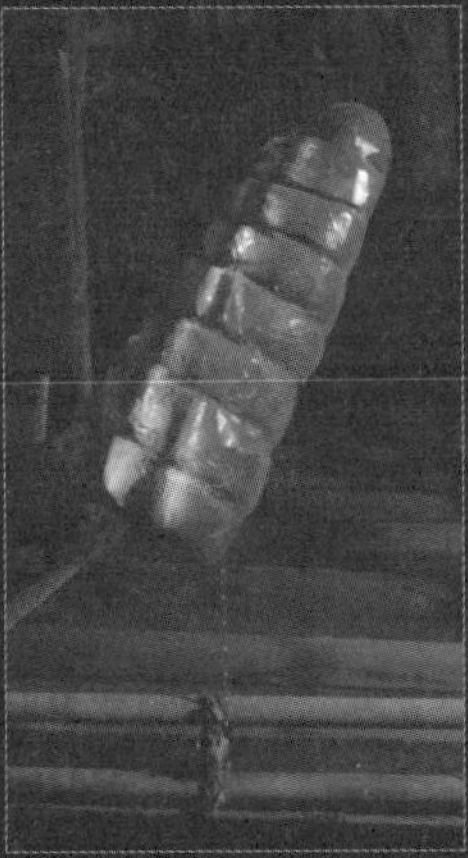

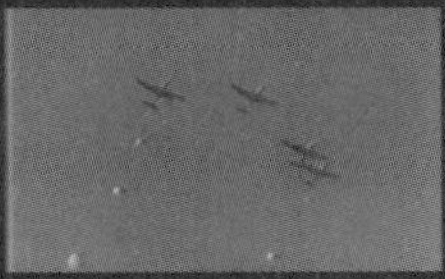

が断片的に挿入され、逃れることができない自らの重さに対する自覚と、そこから自由になりたいという相反する意思を想起させる。

エンサイクロペディア・シネマトグラフィカ
『墓穴掘り』

一九六三年撮影・一九六四年制作、十分

エンサイクロペディア・シネマトグラフィカ(ＥＣフィルム)は、一九五二年にドイツ・国立科学映画研究所で始まった、世界中の知の記録の集積をめざした「映像による百科事典」。以後約四十年の間に世界各地にカメラマンや研究者が赴き、現在は失われた暮らしの技法や儀礼などを記録した三千タイトル強の映像アーカイブが制作された。演出や解説、ＢＧＭを徹底的に避け、比較を可能にする体系的な映像を目指してつくられたフィルムは、二十世紀の民族誌映像のひとつの型をつくったともいわれる。ＥＣアーカイブは各国機関に渡り、日本でも一九七〇年より公益財団法人下中記念財団によって、アジアで唯一のフルセットの映像が管理されている。

東アフリカ・スーダンのヌバ人のなかのマサキン

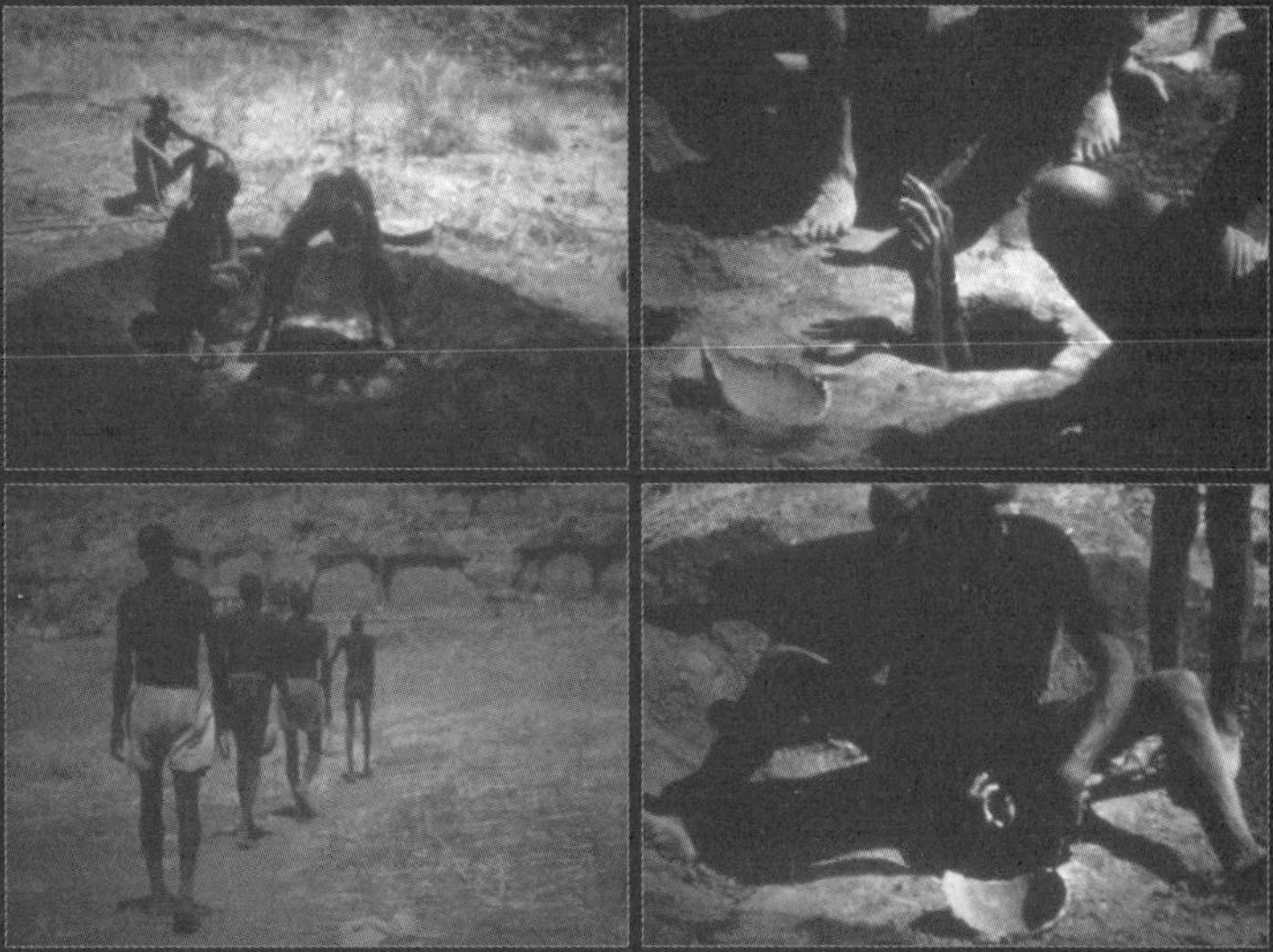

族の葬儀のうち、墓穴を掘る作業が主に映されている。マサキン族は、臨終が近くなると死にゆく人の親戚たちが墓穴を掘り始める。まず縦方向の穴を掘っていく。この縦穴の入り口は丸い形状をしており、直径は三十センチ程度、深さは七十五センチ程度である。また、その下には遺体を寝かせ、副葬品を置けるような横穴の墓室がつくられる。

映像では、四人の若い男性がもうじき亡くなる親戚のために墓穴を掘っている。墓穴を掘る作業はふたりがペアになって行われている。ひとりの男性は縦穴の入り口にいて、なかで作業している男性を手助けする。なかにいる男性はシャベルで土を掘っては、それを貝殻状のひょうたんに盛り付け、入り口の男性に渡す。入り口が狭いため、腕を頭の上に垂直に上げる姿勢でないと出入りできない。この一連の作業が完了すると、平らな石で穴を塞ぎ、村へ戻っていく。

（スチールは、公益財団法人下中記念財団提供）

金　このプログラムは、プログラム1の冒頭でお話しした、地主さんの作品に出てくる猫やヘビの話から始まったものです。地主さんの作品には研究者の視点からすると一見文脈にそぐわない、論理的とは言えないところが散りばめられていたんですが、その論理的とは言えない部分から、死者と生者が接する空間の雰囲気のようなものが浮かび上がってきていた。もしかしたらそれがアートにおける表現の特徴なのかもしれないと思ったのが、このプログラムを設定したきっかけです。

そこで二藤さんの『山頂の谷底に触れる』（図1）という作品を、地主さんから紹介してもらいました。これは山頂の地面から手のひらだけが出ている写真作品なんですが、なんとなく埋葬について考えるきっかけになるんじゃないかなと思ったところです。

また、一緒に上映するECフィルムは、墓穴を掘る人たちが穴に入ったり出たりする行動をただただ繰り返している映像です。生きている人間が地面に掘った穴につるんと入って、また出てくるという行為をみていると、どこか不条理な可笑しさを感じるんですよね。この不条理さがなんとなく二藤さんの作品と共通しているように感じたので、組み合わせてみました。改めてですが、このプログラムの成り立ち自体もかなり非論理的ですね。では、二藤さんからお話をうかがいたいと思います。

彫刻における「反転」と、「不在」という死のイメージ

二藤　私は普段制作するうえで特に埋葬や葬いをテーマにしているわけではないですが、金さんと地主さんには作品の図像的なイメージからそのテーマを連想していただいたんだと思います。そういった、ある種の誤解

も作品の幅であると思っていて、参加させていただきました。

まず、ポンペイの遺跡のお話から始めたいと思います。ポンペイはイタリアのヴェスヴィオ火山近くにあった大きな町で、紀元七九年の噴火活動によって灰の下に埋まってしまったところです。そこを十八世紀に発掘調査してみたら、いくつかの穴がみつかりました。その穴が何なのかを調査するために石膏を流し込んでみたら、図2のように、石膏がまさに人型に固まったという、有名な話があります。この話は、私が大学で彫刻を専攻してからずっと考え続けてきた彫刻の問題と大いに関係があります。

まず図3の左上をご覧ください。このように人がうずくまった状態で土のなかに埋まってしまったとします。さっきの図2では、かなり鮮明に人の形が残っていましたよね。ところが自分の経験上、ただ土がまわりに堆積していくだけでは、ここまで鮮明な形は残らないだろうと思います。一説によると、

図1『山頂の谷底に触れる』

人の皮膚から出てくる油分を周りの土や堆積した灰が吸って、固まるらしいです。その後、そこにあった遺体が腐敗してなくなると、今度は図3左下のように空洞ができる。言い換えると、存在していたものの周りにあった空間に土が堆積して、その後、存在していたものが消えてしまったということです。つまり、空間が物質化して、その物質が存在していたものを不在にした。ここでひとつの反転が起こっていると思います。さらに、それによってできた穴に石膏を流し込むという行いで、図3右下のように、最初にあった存在がまた像を結んでいく。つまり、もともと存在していたものが不在になるが、その不在であった空間によって再びその存在がモニュメントとして立ち上がるということです。言い換えると、その穴はある種の物言わぬモニュメントとして、ずっとそこに存在していた。

　このことは戸《と》谷《や》成《しげ》雄《お》という作家によって、彫刻と大きなつながりをもって語られていくことになりま

図2　ポンペイの遺跡の空洞に石膏を流し込んだら人型が現れた（Photo Library 作者：moon）

す。彼は「実と虚の関係はいつでもひっくり返り得る可能性を孕んでおり、人間の存在とはそのふたつのせめぎ合いのなかにある」ということを、ポンペイの逸話をもとに話されている。私の作品もそれをふまえて観てもらうことで、自然から生まれて自然へ帰っていくサイクルのひとつを提示するものとしても観ていただけるのではないかと思っています。

図4〜8は彫刻における型取りの工程です。図4のような粘土の原型がありまして、それを石膏の型に落とします。すると画像5のようにふたつの型がある状態になりまして、ひとつが粘土でつくられた雄型といわれる型、もうひとつはその周囲に発生した雌型といわれる型です。で、この型をカポッと外します。図6の断面図のラインに注目していただくとわかりやすいんですけれども、雌型と雄型は同じ形、同じ表面を共有します。けれども雄型の方はポジティブな形をしていて、雌型はネガティブな形をしている。つまり、厚みのない表面を共有しながら

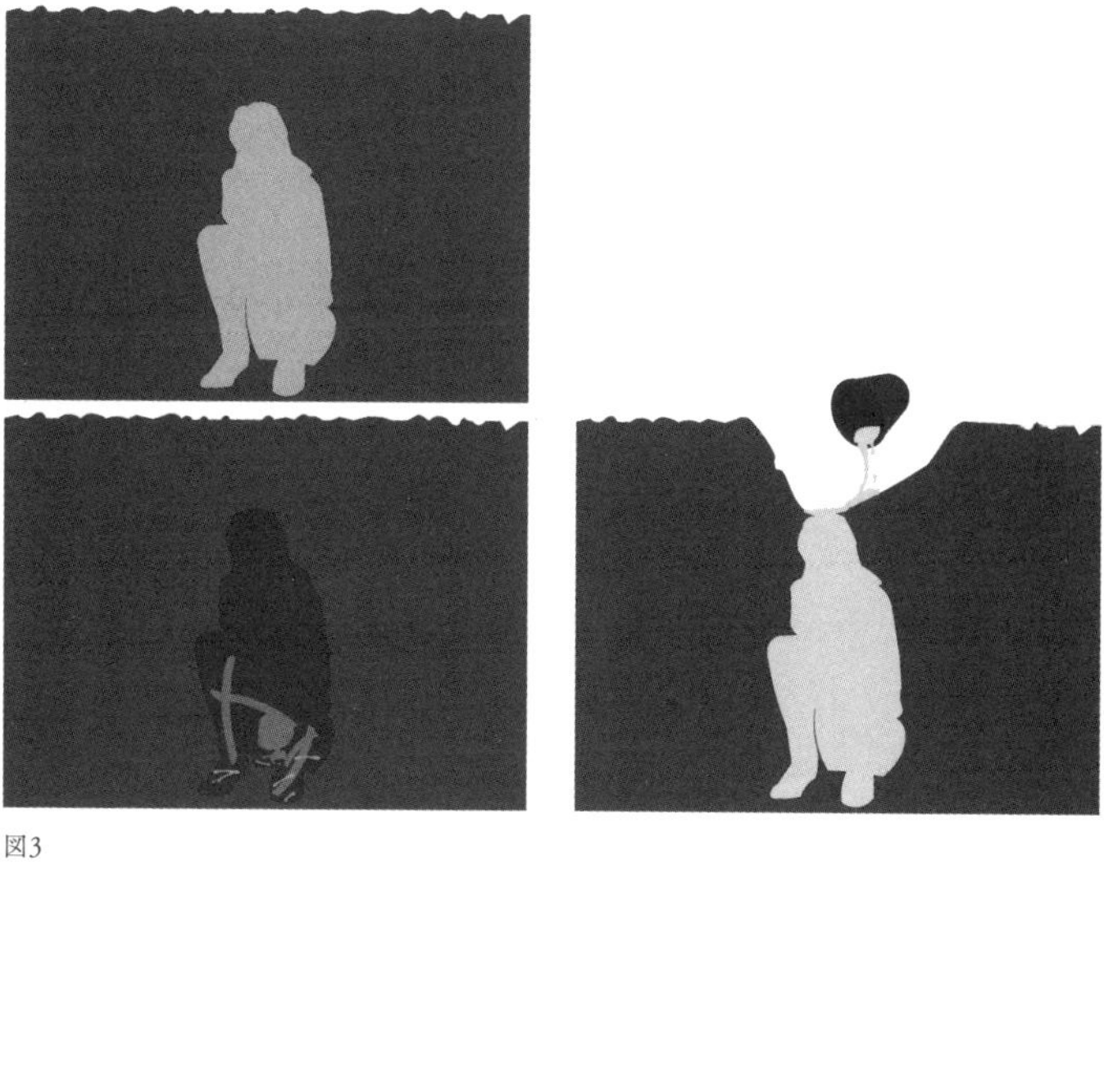

図3

図4

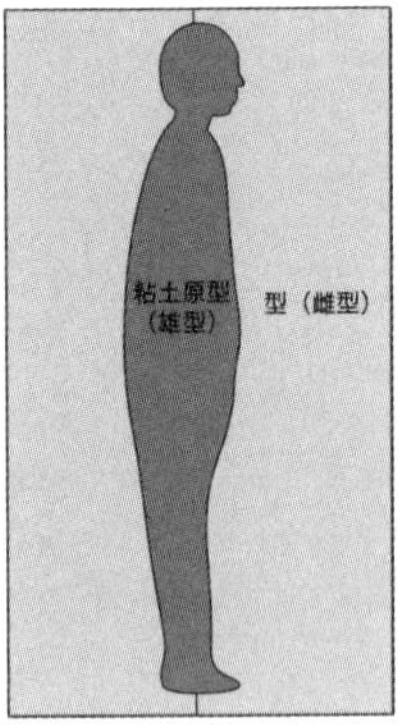

図5

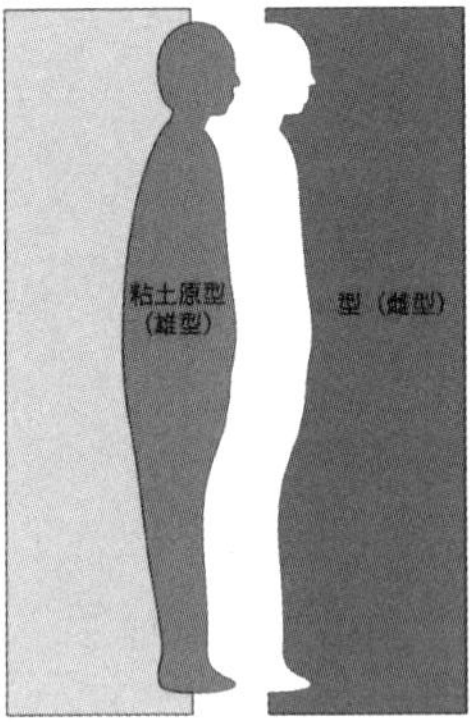

図6

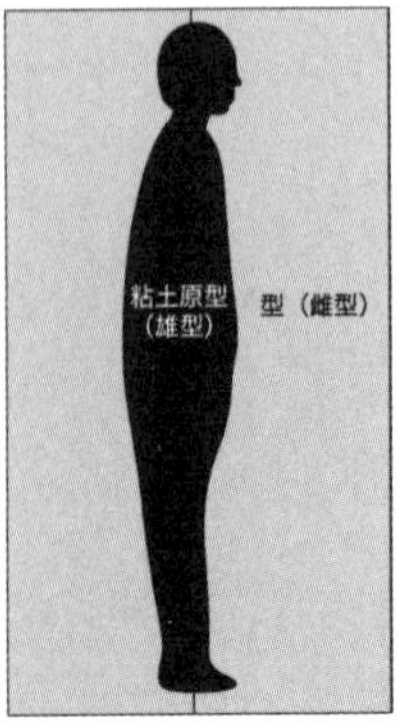

図7

図8

も、正反対の形をしているんです。

で、図7のように原型の素材を拭き取った空虚な内側にブロンズなり石膏なりを流し込み、型をカポッと外すと完成です。それが図8になります。ざっくりと説明するとこういった手順が彫刻にあり、日本で彫刻を学ぶすべての人間が通ってきたひとつの方法論なんです。なので、ポンペイの問題に対して反応してしまう気持ちというのは、ある意味彫刻を学んだことの副産物的な感性なんだろうと思います。

さて、次は私の『反転の山』(図9)という、巨大な器型の作品です。

これができるまでにも石膏の型取りプロセスを経るわけなんですが、その過程を図説すると図10~14のようになります。約十二トンの土でつくった築山に、ひたすら全身を突き当てていきます(図10)。ポジティブな形の自分がそこにぶつかることで、ネガティブな私の不在の形ができていきます(図11)。断

図9 『反転の山』(Photo by Shigeo Muto)

面図が図11ですが、そこに石膏をつけていき、図12のように、うっすらですが石膏型をつくります。その後、下にある土を抜くと図13のような形になります。

そして『反転の山』というタイトル通り、これをひっくり返し、図14のように器の形にします。これで、この作品ではふたつの反転が起こっていることになります。私の不在の形、つまり凹んだネガティブな形が石膏の型づけによってポジティブに現れてくるという反転と、山がひっくり返って器の形になるという反転です。

僕はこの作品の制作中、山に体を突き当てた際に生まれた凹みの形をみて、自分の不在について考えました。不在は「いない」ということで、死と結びつく。例えばそこに足跡があったら、「誰かそこにいた」という事実と、「今はそこにいない」という事実のふたつがあるわけですよね。この作品の制作工程においても、自分の身体が一時そこにあったけど、今はそこにいないということがあるわけです。

図10

その形を反転させて、凹を凸に置き換えたわけですが、当初はそれによって不在の反対、つまり生みたいなものが現れるだろうと思っていました。ところが、いざそれがひっくり返って立ち現れてきたら、なぜか死のイメージがより強くなった。これがなかなか説明が難しいところなんですけれども、人の形をした空間以上に人の形をした実態に対して、より死のイメージを感じてしまったのです。これは制作前のぼんやりとした予想がきっぱりと裏返ったと言えるような出来事でした。

　いずれにせよ、山全体に身体を突き当てていったことにより、自分の身体が山を包む器として現れてきました。山という大きなものを自分の身体でどうやって抱きしめるかということを実践してみたのが、この作品だったのだと思います。今までの話をふまえて、最初に金さんにご紹介いただいた『山頂の谷底に触れる』という作品について話していきたいと思います。

(左から)上段：図11、図12　下段：図13、図14

虚と実、空間と大地、死と生の反転

二藤　これはちょっと禅問答的な作品ですが、ご紹介したいと思います。この作品を撮影した場所は福島の安達太良山《あだたらやま》という山で、すごいきれいな空が広がる、素晴らしい山頂なんです。リサーチで、山頂についていろいろイメージを集めていたときにこの山をみつけて、ここしかないと思いました。

　安達太良山はある角度からみると、おおよそ図15のような形をしています。で、山頂というのは図16の矢印のところで、僕はそこに埋まりました。山頂を拡大したのが図17ですね。普段、私たちは地面に対し、上からアプローチする。踏んだり触ったりと。山頂に限らず、あらゆる地面がそうですよね。

　ですが、僕はこの作品を通じて山頂の表面に、反対側から触りたいと感じたわけです。それが図18です。そう考えるに至った経緯はいろいろあるんです

(左から)上段：図15、16　下段：図17、18

けれども、ここでは省略します。ただひとつ言うとすれば、先ほども説明しましたように、彫刻の過程において、ネガティブとポジティブというまったく正反対のかたちが、ひとつの厚みのない表面を共有しているということへの関心です。

要は、こちらから触っているものは向こうからも触れられるだろうということで、埋まってみました。金さんは先ほど作品の説明をするとき、こうやって(地面と垂直に)手を出しているとおっしゃっていたんですけど、そういう意味では図19のように(地面と水平に)手を出すことが非常に大事。地面、空、山頂というひとつの表面を裏側からこのように触ることが大事で、こうすることで私の手が山頂という地表の一部になるわけです。

「山頂の谷底」という名前にした経緯なんですけれども、これもやっぱり反転の構造が頭にありました。山頂というものは、地面の上だから山頂と呼んでいるけど、空からしたらどう考えられるのか。境界をま

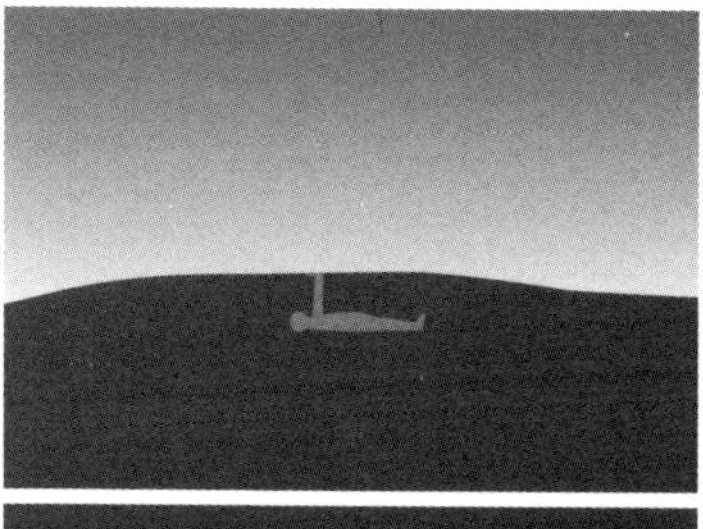

(左から)上段：図19、20　下段：図21

たいで正反対の場所に思いをはせてみるわけです。図20は山を物質としてみたときで、図21が山を空虚としてみたときです。山を空虚、空を物質とみたら、山頂は空が一番浅いところ、つまり空にとっての谷底になります。で、私は空の空間、つまり上から地面を触るんじゃなくて、下から空の表面に触れた。だから「山頂の谷底に触れた」というわけです。

ちょっと脇道に逸れるかもしれませんが、制作中の話をすると、埋まってみると本当にいろんなことを思うんです。まず同行者がいて、僕のことを埋めてくれたあと、上手に地面に石を散らしてくれるんですが、それだけではまだ写真は撮れない。なぜかというと、掘り返した部分だけ湿っていて不自然にみえてしまうからです。なので、埋まったままの状態で地面が乾いてくるのを待たないといけないんですね。乾くには当然太陽が必要なので、かなりしんどいんですけど、「乾いてくれ、乾いてくれ」と思いながら待っているわけです。怖かったのは、空気穴のチューブから雨が入ってきたりとか何か異変が起こっても、同行者は引きの構図で撮るために離れた場所にいるので、気づいてもらえないかもしれない。そういうときの合図を決めたりもして。

土のなかは本当に真っ暗で、肺が動くように最低限の対策はしていったんですけど、やっぱり圧もかかるし、かなりの居心地の悪さがあるんです。これは僕の誤算で、地面に潜るというのは、実は気持ちのいいことなんじゃないかと思っていました。安らかに眠るという。しかし生きている人間にとっては非常に居心地の悪いものなんですよね。特に暗さ。何かあったら死んでしまうにもかかわらず、何も状況がわからないという怖さ。図1のように地面にチューブを挿していたので、そこから微かに光が届くんです。だからこのチューブは、呼吸の確保だけじゃなくて、ある意味精神衛生上、非常に大事なものだったんですね。それ以外に外の様子を知ることができる手段はもう手のひらだけなんです。で、手のひらに神経を集中していると「あっ、今太陽が差している」とか「ちょっと曇ってきた」とか「ぽつりときた」とか、そういうようなことを知ることになるわけです。

というわけで、この作品をつくるまでは、僕たちは図22のように人間は大地に属していると思っていました。なんですけど、これをやって以降、完全に考えが変わって、図23のように、僕たちはむしろ空間に属するんじゃないかと考えました。

先ほども引用しましたが、戸谷成雄は、「虚と実は簡単に入れ替わる」と言いました。私はこの「実」というものを人間の身体に置き換えて解釈していました。反対に人間の外部にある空間が虚であり、不在であり、すなわち死であると。しかし改めて思ったのは、人間は「いない」んだということです。地面というものは常に確固たるものとして、ある。もちろん動くけれども、その範囲は固定されている。それに対して人間はというと、常にそこにとどまっているわけじゃなくて、ひたすら風のように動き回るわけです。

(左から)図22、23

なので、人間というのはむしろ空間に属する性質のものなんじゃないかと。実態として、確固たるものとして存在しているというより、むしろ空間的にふるまっていて、その身体は不在性の強いものだということを感じました。

この話とつながりがあるかわからない映像で恐縮ですが、ひとつの映像作品を観ていただきたいと思います。地面、地中、あるいは地球というものの重力について考えてつくったものです。

この映像作品『Our Weight Is a Love from the Earth.』（図24）では、地球からの重力を、僕たちが地球から受けている愛だというふうに考えてみました。これはキリスト教系のアウグスティヌスという哲学者が言った「わが重さはわが愛」という言葉から着想を得たものです。ところが、この言葉に対する僕の解釈、つまり「地球が私たちを引き付けて止まないのは地球が私たちを愛しているからだ」という解釈は、アウグスティヌスがそもそも言おうとしていたのとは正反対のものです。彼からすると、「わが重さ」というのは私の価値という意味でもあり、私の価値は神からの愛だということを話していたわけです。というのも、彼はニュートンよりもずっと前の、万有引力とか重力という概念自体がない時代の人なんですね。その人たちにとっては物が落下するという現象は、もともとあった場所に戻っていく現象であると考えられていました。例えば、煙が昇っていくのは空に属しているからで、りんごが地面に落ちるのは大地に属しているからである。で、私は物質としては大地に属しているのだけれど、実のところは神のもとへと上っていくのだという、信仰心についての話だったのです。

僕がその言葉を誤解した背景は、まさに現代が地面にひとつひとつ積み重ねていく社会、つまり地面への信頼・信仰から成り立っている社会であることに由来するのではないかと思います。であれば、その誤解を作品化することで、現代における大地への信仰心について言及することができるのではと思いました。

土居　人間は大地に属しているのではなく、実は空間に属しているとおっしゃいましたけど、ちょうど先週末に宗教学会で自分が発表した話と少し関連性を感じました。というのは、墓地は大地から離れていったんですね。近代化によって、唐櫃《カロート》という半地下構造のデザインができて、そこに骨壺を個別に置くようになった。今、ほとんどの墓石屋さんが提供する墓は、基礎をしっかりつくります。基礎をしっかりつくることは、要するに大地から離れさせることなんですよね。この話は、一般住宅にも実は当てはまります。昭和の戦前期というか、大正大震災以前の木造住宅は、まだ大地にくっついていたんですよ。

図24 『Our Weight Is a Love from the Earth.』の一場面

二藤　大地にくっついていたというのは、基礎がないということですか？

土居　基礎がないというか、簡易なつくり方だったんですよね。それがまずは墓が先行して基礎をしっかりつくるようになって、その後一般住宅がしっかり基礎をつくるようになったので、今、日本の住宅は大地に根差していないんです。

二藤　話が行ったり来たりしますけども、先ほどから触れるとか、表面とかという話をかなり抽象的に繰り広げてしまったので、ちょっと実践的に皆さんに体験してもらいたいと思って準備したものがあります。

　まず手を空にしてください。で、右手にお湯、左手に冷水、もしくはその反対でもいいので握ってみてください。お湯が熱いのである程度でいいですが、しっかり手の全体が温まるまで握ってください。冷たい方も手がちゃんと冷えるまで握ってください。左右の手に温度差ができるのが大事です。できましたら両方の手をコップから離して手を合わせてください。そして、右手が左手を触っているという感覚と、左手が右手を触っているという感覚を意識してください。それを同時に意識してもいいですが、交互に意識するのがやりやすいかと思います。これを左右の手の温度が同じになったと思うまで続けてください。

　これは『Two Hands and One Surface』というタイトルの作品で、日本語では『二つの手、一つの表面』という意味になります。右手が左手に触れている感覚が意識できたと思います。反対に、左手が右手に触れている感覚も意識できたと思います。にもかかわらず、ひとつのものに触れていると感じたのではないでしょうか。私

はそう感じるんですけれども。つまり、触れている主体は右手と左手というふたつのものに触れているにもかかわらず、頭はひとつのものに触っているかのように感じているということです。ここに「厚みのない表面」の問題があると思っています。私たちは右手に触れているのでも、左手に触れているのでもなく、右手と左手の間にできた接触面に触れている。少なくとも脳はそのように解釈しているんじゃないかということです。

あらゆる境界というのは、常にこちら側とあちら側というのがあって。国境においてもそうだし、地面と空間においてもそうだし、あらゆるところに境界は発生しますよね。じゃあ、私たちと空間との境界はどこにあるのか。「皮膚です」と言ってしまうのは簡単だけれども、皮膚は物質であり、厚みがあるじゃないですか。皮膚のその最後の接点というか。そこをたどっていくときりがないくらいどんどん薄くなっていくわけです。そういった境界線上に発生するあらゆる問題について考えるときに、僕はこの手を合わせるという作品についてレクチャーしたいと思ったわけです。

皆さん、手を合わせてみてどうでしたか？

門馬　僕が思ったのは、ひとつのものに触れているというよりは、むしろふたつの感覚があって、冷たいコップを持った方の手が温かいんですよね、温かいところに触れているからですけど。温かいコップを持った方は、冷たく感じる。それが徐々になくなっていくわけですよね。その過程で、冷たい手を考えているときに、温かい手のことを考えたり、温かい手のことを考えているときに、冷たい手のことを考えるんですよね。それが、だんだん行き来していって、最後なくなっていく。何というのかな、表面というのが、現実感を伴った確固とした感覚として得られました。それは、アクチュアルな動く表面。福岡伸一が述べる動的平衡のイメージにも似ているかもしれない。

二藤　そうですね。今、おっしゃっていただいたように、人によっては右が左を触る、左が右を触るという感覚に分けられない場合があるんですね。実は僕もその回路がちょっとぶきっちょなほうで、一回分けるためにこの方法を使いました。その差がだんだんなくなってきて、ふたつあったからこそひとつに近づいていく。そういう経験としてやっていただきたかった。

実在としての死と、不在を説明するための葬い

金　うまく言えないですが、私はここで改めて葬いについて考えました。人間は空間に存在するということでしたが、葬いも人間が不在になった空間から発生しますよね。だとすると、その空間、もしくは「厚みのない表面」は、死者と生者の関係性、さらに言うと人間と世界の関係性に置き換えることもできるのかなと思いました。死者は生者との関係性のなかでしか存在しないということを考えるうえでも、空間は非常にいいメタファーのような気がします。

二藤　まさにそうですね。生きていることと死んでいることの間にもひとつの境界がありますよね。僕はその境界を物体として「ある」か「ない」かだけでとらえていたんですけれども、実はどちらも極めて「ない」に等しい側にいるんじゃないかと、今、思いました。生きている、死んでいるということは、僕らにとっては大きい問題

だけれども、物質世界においては非常に些細な、あくまで不在の度合いの問題としてあるんじゃないかと。

門馬　仏教みたいですね。

山田　なんだか、存在と非存在という対称性について、改めて構造主義を思い出しています。死の不在性を考えるうえで面白いと思うのが、死者の表象です。死者を、遺骨や身体の一部をもって表象する文化がありますよね。死が不在であるがゆえに、形のあるメタファーみたいなもの、例えば位牌なんかをつくって、そこに死者との同一性を見出していこうみたいなこと。その反転がまさに、二藤さんの作品世界とリンクしてくるのかなと思いました。死そのものは本当に表現のしようがない。言語でも、逝くとか、永眠するとか、そういう比喩でしか死を表現できないんですよね。

二藤　そうですね。

山田　死そのものは空虚なんだけども、そこに人間が意味を求めて、宗教的なものをつくっていく。それがまた人間らしいというか、動物との大きな違いである。限りなく意味を求めるけど、結局はわからない。時代を通じて、あらゆる文化を通じて、わからないまま残っている。言い換えると、不在性ゆえの存在を常に迷っている。これも金さんが言っていたことと通じるんじゃないかと思います。

金　そうですね。この話から改めてＥＣフィルム『墓穴掘り』（図25）を思い出しました。
　私はこれまで、墓穴を掘る行為について物理的な側面でしか考えたことがなかったんです。つまり、遺体を埋めるために掘るんだと。しかし、墓穴を掘るという行為は不在を埋めるという行為なんじゃないかなと、何か物理的側面以上の意味があるんじゃないかと、ふと思いました。

二藤　確かに死による不在が単に起こるだけでいいのであれば、墓穴を必ずしも掘る必要はないわけですもんね。

金　そうなんです。

論理を重ねたうえで非論理をみつめる

二藤　他の作品についてちょっと話しますと、『山

図25　ＥＣフィルム『墓穴掘り』（公益財団法人下中記念財団提供）

頂の谷底に触れる』について考えていたときは空の一番深いところ、つまり山の上に行ってみたくなったわけですが、今度は一番深いディープスカイはどこにあるのか考えるようになりました。そこでヨルダン、パレスチナ、イスラエルにある「死海」にたどり着きました。ここが一番海抜が低い場所だったんです。で、「そこに行かないと」となって、実際に行くことに決めてからその土地の問題に触れることが、作品をつくるうえで結構あります。

なので、本当に失礼なことを言ってしまったこともあります。パレスチナの人たちに対して「イスラエルのエルサレムに行こうと思っている」と言ってしまったことがあって。「お前、ふざけんなよ。イスラエルじゃないだろう。パレスチナのエルサレムだ。言ってみろ」と、すごい怒られた。それで「何でこんなに怒ってるんだろう」と思って、ようやく勉強して「俺は本当にひどいことを言ったな」となる。それがまた新しい作品につながって、国境線上の川で手を合わせるという、身体を左右に分断させて手を合わせることをやろうと思ったんですね。しかしあまりにひどいことが毎日のように起こっていて、手を合わせるところまでいかない。こういう感じで直感に従っていくと、もっと大きな、あるいは別の種類の問題に突き当たるということが結構あるんですよね。無知ゆえにみたいなところになりますが。

地主　今回金さんと話し合って、このプログラムのタイトルを「土の下の世界／非論理性」にしたんですけれども、二藤さんがどういう思考のプロセスを経てああいう作品に至ったかを聞いて、非論理的なのではなく、すごく論理的に考えた結果であることがわかりました。その論理性は今の社会からみると一般的じゃないのかもしれませんが、二藤さん独自の真実の探求方法によって、ああいう表現が生まれていると感じました。

二藤　非論理にたどり着くまでの必要最低限の論理は当然積み上げますけれども、最後にはやっぱりわからない何かが残っている。先ほどのパフォーマンスで体験していただいたこともそうですし、重力ということについても、実は僕自身もわかっていないことが多い。深さがどこまで続いているかわからない穴が現れるという感じですかね。

だからアートのアイデンティティみたいな話のなかでは、解釈を広げる、謎を残す、非論理的であるというふうにとらえられがちなのかなと感じていました。しかしアートにおいても、解決不可能なものにたどり着くまでの、基礎としての論理性はどうしても必要になってくる。そういう意味では研究とも共通しているところかと思います。

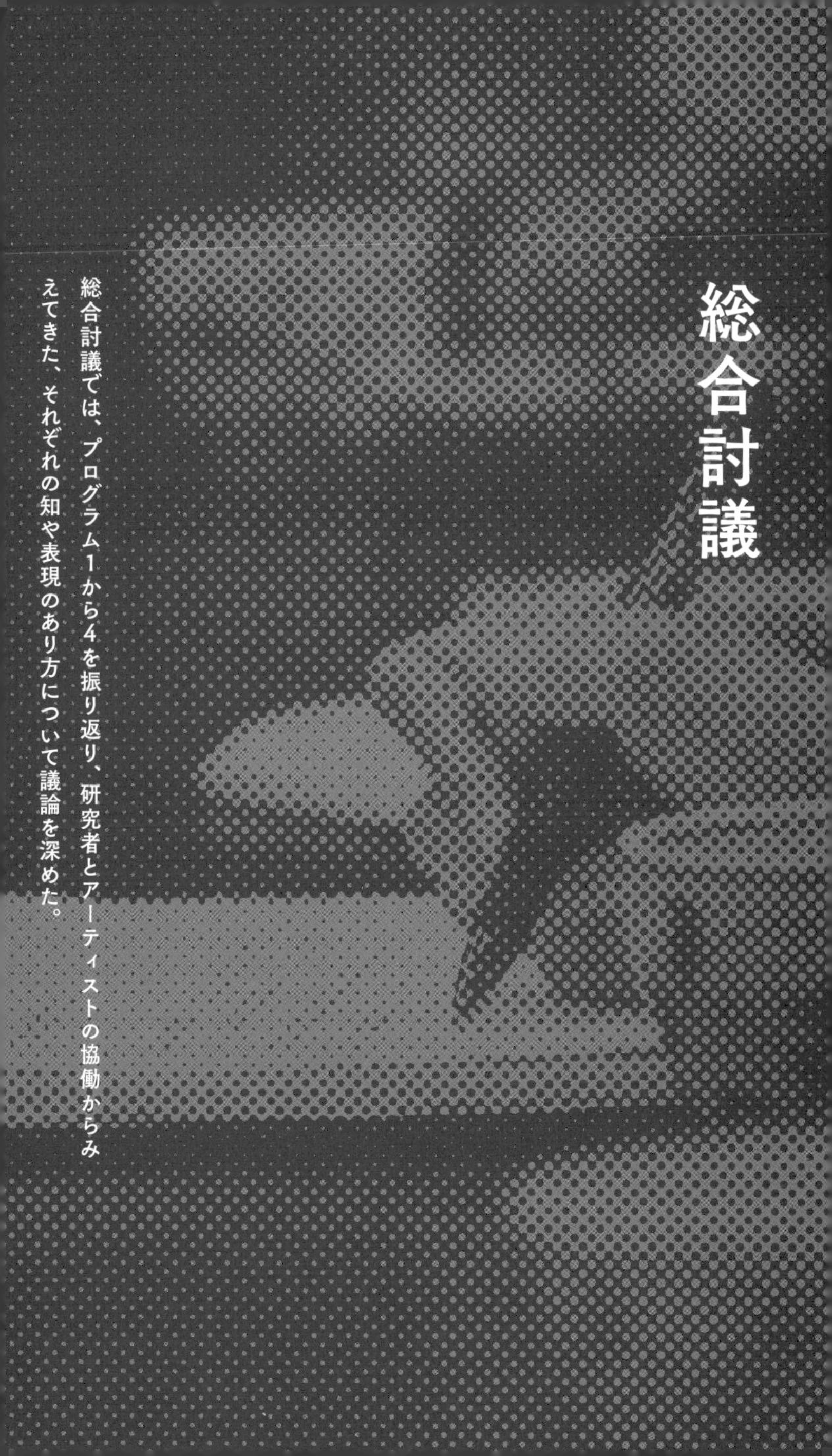

総合討議

総合討議では、プログラム1から4を振り返り、研究者とアーティストの協働からみえてきた、それぞれの知や表現のあり方について議論を深めた。

これまでの議論を振り返って

金　まずはそれぞれのプログラムの論点を整理してみようと思います。

プログラム1では、地主さんと私がそれぞれ作品を上映して議論しました。そこで印象的だったのが、研究者の方々は墓の構造にすごくこだわっていたということ。地主さんの映像で壊されているのは単なる外構石であって、「お墓じゃない」という反応でしたね。

土居　研究者といっても、人類学のみなさんはこだわっていなかったですよ。そこはひとくちには言えないのでは。

金　確かに、こだわっていたのは墓を専門に研究している民俗学者でしたね。

マレー　昨日は言えなかったんだけど、私もお骨の入っていないものはもうお墓じゃないのかなと思ったんです。むしろ「石を再利用せずに壊すんだ」ということがショックだった。あんな立派な石は他にも使えるだろうと思って。

金　総合地球環境学研究所的な考え方じゃないですか、それ。さすが副所長。

先ほど二藤さんと昼ごはんを食べながらお話ししたんですが、ここで研究者とアーティストの違いがひとつみえてくるんじゃないかと思います。研究者はある事象をこと細かく深めていくというか、分節的な思考をする。分節的な思考とは、物事を分類して細部に注目するような考え方ですが、それによって総合的な眼差しが欠けてしまうこともありますよね。

また、これも二藤さんの言葉なんですけど、アーティストは分節されたことをフワッとつなげる。猫とヘビの話なんかもそうですね。私だったらたぶんそのシーンは入れないか、ちょっと休憩として入れるかしたんだろうと思います。それに対して地主さんは、墓地という空間の属性を表すときにそれをフワッとつなげることで、より一般的な感性のところにもっていった。そこが研究者とアーティストの違いとしてみえてきたことなのではないかなと。

そしてプログラム2がまた刺激的だったんですよね。研究者にとってもアーティストにとっても、対象にどう向き合うかという問題を考えるうえで参考になる議論だったと思います。山田先生の映像は、正直に言うとちょっと寝ちゃいそうなときもあったんですけれども、先生の説明から、対象をこと細かく記録するということの大事さや美学がわかったような気がしたんです。そのときにしか撮れない民俗現象を、いつの時代にみても再現できるような資料として残す意味は大きいなと改めて思いました。また、その境地に至るまでの、対象に対する丁寧な向き合い方にすごく感心しました。葬儀という場に出向くことから始まるフィールドワークのあり方と、長期にわたる対象との向き合い方が特に印象的でした。

これは暴力性について再考できる機会にもなったんじゃないかなと思います。創作の過程はひとつの営みであって、作品や論文も成果物というより、その過程の一部とみなすと、早急に暴力というレッテルを貼るのは安易な考え方かもしれないという話がありました。人類学者の方々の体験談で、カメラを向けたときに被写体の方から「もっと大きいカメラを持ってきてくれないと困る」みたいな反応をされるなど、カメラを向けられることがひとつのステータスになっていたという話もありましたね。「撮る」ということにもいろんな文脈があるということを、改めて考えさせられました。

地主　そういうところはありつつも、でもやっぱり暴力的な行為にもなり得るという自覚は忘れてはいけないと思います。

金　そうですね。あと、私の経験に照らし合わせてみると、葬儀の現場を撮るということは、他のフィールドワークとは違うところもあります。完全に非日常な場面を共有しちゃうということじゃないですか。さらにそこで映像を撮るという、何かをぶち壊すという行為を通して、さらに非日常を共有する状態にいきやすいというか。

例えば、プログラム1でお話しした山の自然葬にいきなり撮影に行って怒られた話なんですが、普段はそこまで人にボコボコに怒られる経験はあまりないんですよね。その状況で自分が発する言葉やその人への向き合い方は、日常的な秩序ではあり得ないものだったと思います。極端な非日常を共有したからこそ生まれた関係性みたいなものがあったんじゃないかな。撮影を通して日常的な秩序をぶっ壊していくような作業は、確かに暴力的になり得るし、非常にラディカルかもしれないけど、むしろその過程で得られるものもあるということです。

プログラム3の「名前のある骨、名前のない骨」のそもそもの企画意図は、作者の立場に関することでした。

同じ問題に対して、それぞれ異なる立場にいる作者から話を聞くことで何がみえてくるかを問いたかったのですが、ちょっと議論がまとまらなかった部分があると思います。また、土居先生がおっしゃったように「下手に語れないテーマ」ということで発言を躊躇されたところもあるかと思います。

プログラム4の二藤さんのセッションについては、これもまとめることが難しいんですけど、メタファーとしての表現がアートの強みだと思っていいんですか？

二藤　アートはまさにそういうものだとは思いますが、僕はなるべく比喩や、説明できない部分を残すようなつくり方をしないようにしていて。説明し尽くした先に何があるかということをやりたいなとは思っています。最後にお観せした映像に関してはその言葉と矛盾するととらえられてしまうかもしれないんですけど。

金　論理を尽くした先に、非論理のようにみえるものになったということですか？

二藤　よくすべてを映すなと言われたりするんですすね。あけっぴろげにすることが表現の奥行きのなさとして否定されることが多いというか。僕はそれにはちょっと疑問があるなと。

金　わかった、メタファーが強みと感じたのは、研究者である私の立場でした。やっぱり研究に比べると「非論理」を残すというところがどうしても特徴的だなと思ってしまいまして。

二藤　そうですね、たしかに研究者と比べたら、僕たちは結局メタファーを扱わざるを得ないというところがあります。

金　研究者とアーティストの違いというより、一緒にしたことによる相乗効果に近い話かもしれないですね。私はこの作品を、葬いのメタファーとしてみることによって、発想の転換ができたので。

研究者とアーティストの違いで、もうひとつ二藤さんから面白い話がありましたね。「草の根的に広げないといけない」というところ。一般に近い視点、作家の主観によって物語を広げていく。その方が観る人はもっと入りやすくなる。

二藤　そうですね。アートの基本的な性質として、表現されるものが個に帰結するというか、あくまで個人の表現であるというところがひとつの特徴なんじゃないかと。僕は本当にアーティストがもっと増えてほしいと思っています。よくアーティストが多すぎるみたいなことを言われますけど、みんながどんどん自分なりの方法で表現する、そういう世界が来たらいいなというふうに思っているんですね。だからそこに技術みたいなものがひとつのハードルとしてあるべきじゃないと思っているんです。技術や、あるいは最低限の知識がないとその問題に触れちゃいけないということには、絶対になって欲しくないなと。

「知る」こととは——研究者の深堀りとアーティストの「飛び」

金　ここまで、違いと共通点をある程度確認してきたかと思いますが、お互いにとってどういう相乗効果があったのかを敢えて言葉にしてみたらどうかなと思います。「面白い発見がありました」で終わるんじゃなくて、もうちょっと具体的に語ってみたいです。

地主　私は、金さんとこれまでコミュニケーションを続けてきたなかで、また、このプログラムを考えるために皆さんの作品を観てきたなかで、いろいろ感じたことがあります。まず研究者の方は、ひとつの対象に向き合う時間が圧倒的に長いし、人生のなかでほぼひとつのテーマを探求されているのに、アーティストは何かのテーマに向き合う時間が比較的短いなと。特に、私の場合はそうです。そこの違い、厚みの違いをやはり感じました。金さんと話していくなかで、自分もできることならひとつの対象について時間をかけて取材したいなと思うようになりました。あまりパッパッパッといろいろなテーマを過ぎ去っていくのではなく、ちゃんと考えることの大事さみたいなものは気づきました。

二藤　今回参加して思ったのが、人類学者ってめちゃくちゃ楽しそうだなということです。また、現地で何か映像に収めてきているけど、収めている以上のものがあるという感じで、本当に刺激的なことはきっとフレームのなかに収まっていないだろうなということも、同時に感じたんです。

ある種、僕は、研究者の方とアーティストの人たちが対等ではないなと思いました。研究者の人たちの底がまだ知れないというふうに感じるんです。やっぱりひとつのことにかけてやっている人たちだから、当然この場ですべてを出すことはないわけだし、必要に応じて話を選んでいる。

対して、アーティストにとって自分の作品を観せるということは、人によっては局部をさらしてしまうことに近いぐらいで、要は自分の底をみせる行動だと思うんです。なので、こういう非均衡性はそもそものアウトプットの性質の違いに起因するんじゃないかなと思いました。

門馬　僕は（山田先生の葬儀の映像のような）図録みたいなものも好きなんだけど、そこから「飛ばなきゃいけない」という思いがやっぱりあるんですよね。アーティストは、飛んでいると思うんですよ。先ほど、何かと何かをつなげて新しい知見をもたらすという話がありましたけど、それはつまり「飛ぶ」ことだと思うんです。アーティストとの関係においても、僕はアーティストが飛ぶのを下からみているようなイメージがある。今、走っているけど、どの段階でジャンプするのかな、と。僕にも「早く飛べよ」と言っているような気がするんですよね。

マルクスとかデカルトを批評して内田樹が言っていることの受け売りですが、完璧な論理なんてないということです。論理を固めながら、行くところまで行って、最後飛ぶんだと。マルクスの言う商品交換の際の「命がけの跳躍」とかは、本当は論理じゃないんだという話ですね。でも、固めたあとに飛ぶという部分が、一番気持ちいいと思います。

知り過ぎると表現できなくなる？

門馬　僕は、さっきから知ることはどういうことなんだろうと、ずっと考えていました。知ることは網羅することなんだろうかという疑問がふと湧いて。

瓜生　金さんがさっき、研究者とアーティストが話すとアーティストの方が何かを学んでいく場面が多いとおっしゃっていたんですけど、僕が常に葛藤しているのは、あまり学び過ぎるとよい作品はつくりにくくなるんじゃないかなということです。例えば、僕は博士を取るまでいろんな作品をつくっていたんですけど、宗教学会とかに出入りするようになって、山田先生とか土居先生とかとお会いして、気が狂ったような深い知識がいっぱい入ってきたら、最近あまり手が動かなくなったんですよね。

　つまり、知れば知るほど、ミスしちゃいけないとか、この人に怒られるんじゃないかとか、恥ずかしいんじゃないかと思ってしまう。二藤さんがおっしゃった、知らないけど突っ込んでいくという態度はすごく大事で、知ると怖くて動けなくなると思うんです。そうすると表現が縮小していくのではないかという恐ろしさが、やっぱりある。でも、対象について真摯に向き合っているというのと、いい加減であるというのはまったく別で、真摯さがある状態で感動がある状態、勢いがある状態でないと動けないということはやっぱりある。

　僕は、つくるという意味では今スランプだと思っています。しかし皆さんの、それぞれの作品に至るまでのプロセスに関して、深い話、人類学的に言ったら「厚い記述」がいっぱい得られて、僕はすごく楽しかった。楽しかったというか、考えるきっかけになりました。結論はないんですけど、知り過ぎることが必ずしもよいとは限らないことかな。でも、やっぱり知り過ぎたうえで、よい表現ができる人は強いなと思う。

二藤　今の瓜生さんの話は、すごく頷けます。例えるなら自分のなかの器をどう育てるかという話なんだと思います。表現するとか、教えるというモチベーションもそうなのかもしれないんですけど、器から溢れてしまうものが表現のきっかけになるんだと思います。見識を深めることでこの器が大きくなると、容量にゆとりが生まれますよね。するといろんなことを受け容れたり共感したりできるようになる反面、処理しきれずに溢れてくるもの、感動や混乱が少なくなってしまう。かといって器を小さく保とうとするのは健全ではないと思います。むしろ器を大きくしてもなお溢れてしまう出来事によって、表現の動機や強度が研ぎ澄まされていくと思います。

アートにみえ隠れする、葬いの個人化

土居　私はセッピョルさんが意外と暴力的であることがよくわかりました。初めて会ったときは本当に「日本語まだまだです」みたいな感じだったんですけど、最近は、「日本語まだまだです」のふりをして言いたいことを言っているんじゃないかな。

金　はは、鋭い。

土居　特に、プログラム3の「名前のある骨、名前のない骨」のときの議論を、当事者、直接の関係者とそうじゃない人という枠に、かなり話を水路づけていたし、先ほどのまとめも基本的にそれにのせている。要するに作家の主体性や被写体との関係性みたいな話に寄せていて、そこから外れた話はしていなかったと僕は受け取っていて。

　僕は鄭さんと地主さんの映像を観たとき、むしろコンテンツの方、つまり映されているものに引っ張られていたんですね。そこからすると結局あれは土葬と火葬の話に読める。鄭さんの映像で「ここの土地にお父さんとお母さんが眠っています、今まで墓参りに来れなくてすみません」というのは、土葬を前提とした話なんです。土葬だとその場所から移動できないので、そこに行くしかない。それ以外にも土が大事というか、大地が大事なんだという話があったと思う。

　対して、次の地主さんの映像は慰霊塔が十何年ぶりに開きましたという話だったんですが、案の定、遺骨は骨壺のまま入っていましたね。つまり、大地に埋まっていないというわけですよ。だからあのまま移動できて、仮の場所に安置されていることになる。鄭さんの映像に比べると、大地から外されているインパクトがすごいあった。

　葬送墓制の歴史を学んでいる身からすると、おふたりの映像を並べて観てみると、時代の変化による土葬から火葬への変化と、火葬の結果、遺骨がポータブルになっているという話としてみえてきた。だからこそ骨壺のなかに入って仮の場所に納まったままだと、死者の状態がまだ落ち着いていなくみえちゃう。

　これはプログラム3で二藤さんがおっしゃっていた「ある事柄について事前に知識をもっていなかったとしても、素朴な個人としての視点を提示するのは大事」という話とも関連しますが、生きている人間が素朴な個人に立ち返るというのは非常に大事だと思うんですけど、今の人たちは死後の個別性にまですごくこだわっているようにみえるんです。例えば、地主さんの映像にもあった、遺骨が他の人と混ざると悲しいとか、本来じゃないとか、そういう感覚ですね。だけど「そういう感覚が当たり前になったのは、ここ数十年くらいの話じゃないの？」と考えている自分に改めて気付かされました。ちょっと一般常識からズレているかもしれないんだけど。

二藤　素朴な個人でいることが大事だという話は、アートの特徴というか、アート作品がもっている性質についての話のなかでしたつもりですけど。

土居「作品の作者としての個人」という話とはちょっと別の話なんですけれど。要するに、アーティストが、人間の個性の死後にまで及ぶ永続性みたいなものを無意識的に前提にしているのではないかと思ったんです。そういう前提が、アーティストがどうイメージを切り取って映像をつくっていくかにもつながっていると感じた。

金　私も、アーティストの方々がつくられた映像に表れる葬いのあり方が個別化しているというか、個人化したものだということをすごく感じました。例えば鄭さんの作品で話した喪輿歌なんですけど、あれは元々は集合的な歌だったのに、鄭さんの作品では個別のおじいさんの葬いに向けられているのは新鮮でした。個人に当てるものとして再解釈されているというか。

地主さんの作品にもそういう部分があって、どんどん個人化していく葬いの傾向がそれぞれの作品によく表れている。当たり前かもしれないんですけど、アーティストもこの時代を生きる人間だから、意識しないうちに時代の流れが浸透していると思ったら面白かったですね。

土居　そうそう、それも含めて地主さんの作品の全部にコメンタリーしたいぐらい。まったく別の文脈でね。議論とかせずに、葬送墓制研究者としての視点を全部コメンタリーして。

瓜生　いいですね。

土居　それを再度アーティストにぶつけたら、どういう反応が返ってくるか、すごいみてみたい。

地主　それ、気になります。

土居　一種のリミックスですね。

すぐみえてくるものではない

金　鄭さんはどうでしたか？

鄭　今回こういう人文学、人類学という視点で自分の作品を見直す、あるいは新しい視点を設けたいという場にお誘いいただいて、いろいろ思いました。今回上映させていただいた『沈晴歌』は、これまでもポストコロニアルの学会や「コリアン・ディアスポラ　離散を超えて」展などで上映してきて、そういうところでは、例えば音楽家が歌のところに着目して、日本にもある口承文芸の側面から私の作品をみたりしました。このようにアートにとどまらず、別の視点で自分の作品をみる機会が増えてきているんですけれども、そこで得られたものをどう生かすかはいつも考え続けています。多角的な視点から自分の作品をみて「じゃあ次はどうする？」となったとき、いつも踏みとどまってしまうんですね。

　ちょっと美術の話をすると、私は富山《とみやま》妙《たえ》子《こ》[※1]さんという画家がすごく好きで、アトリエの整理もちょっと手伝ったりしました。その人は韓国の民主化闘争にいち早く反応して、それに関するアート作品を制作してきた人で、日本のほかに韓国でも比較的知られている作家さんです。民主化闘争以外にも炭坑夫をモチーフにした作品とか、女性の権利を訴えるような作品もつくっていらっしゃいます。その彼女が最近、自分の作品がアートの文脈で語られずに、むしろ社会運動の視点で取りあげられることについて、「自分の作品は別の文脈で語られるばかりで、アート界からは無視されてきた存在だ」みたいなことを話しているんです。自分も様々な機会をいただいていて、それはすごい幸いなんですけれども、いざアーティストという立場で、得られたものをどう解消して作品に展開していけるのかについては、いまだに答えが出せずにいます。富山妙子さんが自問自答している、自分はいったい何をつくっているのかという問いが自分にも響くというか。最近、記録映像、アーカイブ、ドキュメンタリーなど、いろいろな区分けや線引きがありますけど、自分は悶々としているというか。だから悶々とした感想しか言えないんですけれども。そうですね、これを持ち帰って、自分がこれから何をしていけるのか、考えてみたいと思います。

地主　鄭さんが、今おっしゃっていたことは、すごく誠実でよくわかるし、やっぱり言葉で何を得たのか説明するのは難しい。

金　そう思います。

作法を知ったうえで、作法を崩す

山田　僕は今回、やっぱり作法にこだわり過ぎたかなとは思いました。映像だけではなくて、たぶん論文もそうだと思うんですけど、論文の作法というのがある程度あるわけです。しかし他の人が知らない世界を伝えないといけないというときは、作法を知ったうえで、その作法を崩すことも必要なのかもしれない。つまり、伝えるということを第一義に考えつつやっていくというのが改めて新鮮だったというか、研究者としても意識したほうがいいのかなと。

僕は研究者ですから、それをアートで表現するのではなくて、研究者の視点のなかでどう工夫してくのかを考えないといけない。例えば「葬儀のこのプロセスはこう面白くて、これだけ重要で、興味深い内容があるんですよ」みたいなところをうまく伝えるためには、プログラム2で観ていただいた映像のように観察者の目線でみせるということに固執する必要はなかったのかなと思いました。それこそ図録でもいいだろうし、編集し直して、逆に言うと、逆さから撮ってもいいだろうと。今回いろいろなアート作品を観たんですが、アートを模倣するのではなくて、むしろそこからどう考えていくかが課題だと思います。ただ、これだけ面白い世界があって、それを何とかして伝えたいというパッションみたいなものは、研究者もアーティストも同じだと思いました。少し世界は違えど。

※1 富山妙子は、一九二一年神戸市で生まれ、一九三三年に父の仕事との関係で満州に渡った。子供ながら植民地のなかでの支配者と被支配者の関係を肌で感じることができたという富山は、ハルピン女学校卒業後、一九三八年に美術勉強のため東京に戻った（富山、二〇〇九）。戦後、筑豊を拠点に炭鉱を描き、炭鉱労働者たちが集団移民という形で中南米に渡る道に同行し、第三世界の美術世界に出会う。そして、一九七〇年には韓国の抵抗詩人・金芝河（キム・ジハ）の詩に接し、また、ハルビン女学校時代の朝鮮人同級生たちに会いに韓国を訪れる経験のなかで、韓国の民主化運動に共鳴していく。当時の作品としては、金芝河の詩に基づいたリトグラフ・シリーズとスライド作品（「しばられた手の祈り」「めしは天」「蜚語」）や光州事件における民衆のたたかいを描いたリトグラフとスライド作品（「倒れた者への祈祷」）、その他、映画『自由光州』がある。一九八〇年代半ばには、炭鉱のテーマに戻り、朝鮮人強制連行の問題を描いた（「はじけ鳳仙花」）。その後は、日本軍「慰安婦」、東南アジアからの出稼ぎの女たち、戦争責任、福島などをテーマに絵を描いており、現在もなお「近代」への批判的眼差しのなかで、作品活動を続けている。〔引用：李美淑『トランスナショナルな公共圏の可能性——画家・富山妙子の越境する作品を事例に』日本マス・コミュニケーション学会・二〇一八年度春季研究発表会・研究発表論文（二〇一八年六月二十三日、学習院大学）〕

解題

討論を終えて

金セッピョル・地主麻衣子

ゲスト　鄭梨愛

聞き手　梅原志歩

プログラム1

撮影者の立ち位置

――プログラム1の討論では、瓜生さんが金さんの映像を観て、被写体との信頼関係の構築が積極的に開示されているという印象を受けたようです。そして川瀬さんはこれを「省察モード」だと規定しています(三二ページ)。

また、プログラム2では「解説モード」と「観察モード」の話がされています(四三ページ)。映像人類学では、撮影者の立ち位置によっていくつか「モード」を規定する研究者もいるようですが、金さん自身はご自分の映像をどのようなモードとしてとらえられていますか?

金　「省察モード」とは、映像のテーマになっている事象だけでなく、映像がつくられる文脈、つまり撮った人と撮られた人の関係性などを映し出すもので、さらには映像を観た人のリアクションまで反映する場合もあります。[※1]

私はモードを意識して作品を制作しているわけではありませんが、あえてどのモードかと言われれば、記録していた段階では「観察モード」、つまりフレームの外から客観的に状況を眺めているような立場に近かったと思います。自分もその場に参与しているけれど、研究の一環として、観察し記録することに徹していたと思っていた。

でも見返していたら、「ただ観察した」映像ではないと思いました。次第に被写体との信頼関係が構築されていっているのを感じて、その過程をみせることが研究全体において重要なのではと思ったんです。そういう意味で、最終的には川瀬さんが言ったように「省察モード」に近いものになったかもしれません。

地主　以前金さんとお話ししていたときに、映像人類学の最近の流れとして、主観的なとらえ方を重視するあまり客観性を欠いたようなものが増えていて、それについては批判的にみているとおっしゃっていたのが印象に残っています。今のお話だと、「省察モード」は「観察モード」と違って、撮る側の主観的な要素が入ってくるものということだったので、金さんの映像が結果的に「省察モード」になっていったという過程が面白いなと感じました。

金　「省察モード」は撮影者の存在が入ってくるという意味で主観的と言えるところもありますが、単に「主観的に、自分の印象を表現すること」ではありません。映像人類学で省察モードが重要なキーワードになったのは、人類学全般において調査者／撮影者の立ち位置を内省的に考えるようになったという背景があります。一九八〇年代以降、人類学においてはある地域や民族に対してフィールドワークをし、その文化を記述するという行為自体の正当性が大きく問われるようになりました。それまでは人類学者の観察をもとに記述された民族誌がまるで全体的で客観的なものであるようにとらえられる傾向がありましたが、結局、民族誌も特定の立場にある人類学者がみた「部分的真実」に過ぎないということです。しかも当時の多くの人類学者の立場というのは旧帝国のエリートであり、フィールドは旧植民地地域であるという権力構造も潜んでいる。こういった気づきが人類学者自身の立ち位置に対する内省につながりました。[※2]

「省察モード」は撮影者の立ち位置と被写体との関係を表すことで、今映っているものは撮影者がとらえた「部分的真実」であることや、撮影者と被写体間の権力構造を自明なものにする効果があると思います。少なくとも私は「私がみた自然葬はこういうものである」ということを明らかにすることが誠実な態度であるという認識をもっていました。[※3]

ただ、人類学者の立ち位置が全面に出すぎて、人類学者がある事象に対してもった感覚が強調されすぎると、今度は逆に「文化を記述する」という従来の姿はどこに行ってしまったのかなと、ふっと疑問に思うことがあります。

ちなみに私の自然葬に関する研究の核心は、自然葬を行う人たちが日本の近代につくられた家制度などに対抗的だったということです。しかし振り返ってみると、それは私が彼ら／彼女らにとって「韓国人女性」だったから到達した結論でもありました。私は逆に旧植民地地域から旧帝国を研究するという構図におかれているので、彼ら／彼女らは植民地支配にもつながった明治時代の諸制度に対する批判的な考えを、私に重点的に述べてくださったんだと思います。このような特殊な関係性も映像に表現できたらいいなと思っていました。

地主さんの作品はこれらのモードのなかのどれに当てはまると思いますか？

地主　難しいですね。私はモードという概念を合宿で初めて知ったので、自分の映像がどのモードに当てはまるか考えたことがありませんでした。自分の場合、誰かにインタビューするときは予測できないことがたくさん起こるので、撮影中はとにかく目の前で起こることに集中します。撮りためた素材をチェックする過程で、だんだん作品の方向性がみえてきて、その段階でモードというか、編集の方針について考えていくことは多いです。例えば、プログラム3で上映した『名前のない骨』を制作していたときは、撮りためた映像素材を観ているときに「観察モード」の方向性でいくのは無理だと感じました。この作品で私がやろうとしていたのは、「他者としての自分」があるコミュニティに入って話を聞くということだったので、あくまで自分の視点からみた「省察モード」的な編集になりました。

映像における「運動」

地主　私は金さんのように研究として映像を撮っているわけではないので、出来事を論理的に理解するために映像を構築していくというよりは、ある種の「物語」の流れに重きを置いているところがあります。ここでいう「物語」とは、フィクションということではなくて、そこにいる人たちの関係性のダイナミズムや、対話がどう成立し、成立しなかったのか、出来事がどういうふうに進むかというような複数の要素が絡み合ったある一連の流れのことです。私にとって編集作業は、断片的なシーンをつなぎ合わせて流れを起こすこと、運動している状態にもっていくことです。

　特に『名前のない骨』では、撮影者である自分の存在を抜きにして、その流れをつくり出すことができないと思ったんです。撮影した期間も短くて、関係性が十分に構築できていなかったから、他者である自分がそこにいることで生まれる運動をベースにつくっていくことしかできなかった。でも、もっと長く被写体とコミュニケーションをとっていけば、自分の存在をなくしても成り立つ映像になるのかもしれないとも思います。それは今後の課題ですね。

　一方で、プログラム1で上映した『東京の墓地』は『名前のない骨』とは少し違うつくり方をしています。こちらは墓地の風景を撮っていくなかで気づいたことを手がかりに映像の方向性をみつけていったので、「省察モード」だけではなく「観察モード」的な要素も入っています。モードという観点で自分の制作を考えたことがなかったので、こうして考えてみると、映像によって多少違うつくり方をしているんだなということに気がつきますね。

金　「運動」というのは感覚ですか？　「運動」が成り立つ状態はどのようなものですか？

地主　感覚的なものですね。これらの作品をつくった動機のひとつとして、観る人にこの状況を知ってほしいという思いがあったんですが、単に撮ったものをつなげるだけでは誰にもみてもらえない。そこに適切な流れがつくられていないと理解されない。そこで、観客にどう流れに乗ってもらうか、ということを考える必要があると思います。

　例えば、映像のなかで誰かにインタビューをする場面では、自分の質問する声を残しています。質問はテロップとして入れて、被写体の発言だけ残すという選択もあったんですが、あえて自分の声を残しました。それに雑談のような関係のない話も入れています。そうする方が運動が生まれると思ったから。

　これはプログラム3の議論で金さんに指摘された立場表明の話にもつながると思うのですが、『名前のない骨』を撮ったときは、「在日朝鮮人の遺骨問題についてよく知らない日本人」の立場として、お話をうかがい、撮影しました。撮影を始めてから自分がいかにこの問題について知らなかったのか何度も痛感したのですが、同時に私のような人は少なくないだろうと思ったんです。映像のなかで、質問している自分の声を聞くと、自分の無知さ、浅はかさが露呈していて我ながら嫌になりましたが、それこそが現状を映し出しているような気がしたので残しました。映像のなかで、ある人が第二次世界大戦中に徴用で長崎に渡ってこられたご自身のお父さんの壮絶な体験についてお話ししてくださる場面があります。そのときに、自分がこれを聞いていいのか迷いながら、それでも聞いた質問もあります。そんな私に対するいらだちや怒りも感じました。

　自分があの場に行くことで生まれる対話とか声のトーンといったものがつくりだす運動もあるんだと思いました。例えば、テレビ取材のカメラが入る場合と、私がひとりでカメラを回しているのでは、当たり前ですが、人々の反応は全然違いますよね。『東京の墓地』で、撮影中におじさんが突然「墓地のなかで一番強いのはどの動物だと思う?」なんて質問をしてきたのも、たぶん「なんか見慣れない変なやつが来たぞ」と思って話しかけてきたんだと思うんです。そういうのもある種の流れ、運動になるのかなと。

金　運動自体の美しさを重視しているということですかね。

地主　美しさというより、そういう部分にリアリティを感じるんですよね。

金　私は地主さんに比べると「運動」をそこまで重視していないと思います。それは論文を書くときと比較すれば重視していると言えますが、それでもやはり雑談的なところはけっこうカットしたりする。地主さんのリアリティは自分のリアリティとは少し違う気がします。

地主　リアリティという話で言えば、編集しているときに大事にしている感覚があるんですよ。自分の過去に起こったことを思い出すときに、全然関係ない出来事や風景の記憶が一緒に出てくることが時々あるんですが、そういう感覚が自分にとってのリアリティだと思います。

　何かについて考えているとき、意識化していないサブ的なものが付随している。一見関係なさそうでも、それがあることでリアリティが生み出されたり、運動のスパイスになったりする場面を、編集するときに意識的に入れることがあります。それは明確に言語化できるものではないんですけど。

論文と映像、それぞれの効果

――山田さんがプログラム1の最後でおっしゃっているような、論文で書くことと映像で表すことの違いをもう少しお聞きしてみたいです。映像を研究成果として提出することもあるようですが、両者の使い分けは当然求められるところかと思います。両者はそれぞれどういった場面で効果的なのでしょうか。

金　先ほどの話と矛盾してしまうのですが、論文との対比でいうと、映像ではその場面がもつリアリティをみせたいという気持ちはあります。

論文だと「迷いながら散骨した」で終わるけど、それで終わらせてしまうと大事な部分が捨てられている感じがする。それが何かは説明できない。でもみせないといけないと思ったんです。

論文には別のリアリティがあります。調査者／撮影者がいる時空間以外を表現することができるところも論文の利点ですね。映像の背景にある文脈を言葉で説明することができるから、違うリアリティが立ち上がってくる。

地主　映像は、テキストや画像を組み合わせたり、既存の映像を引用したりして、異なる時間をコラージュすることもできますよね。そういう意味では、金さんが論文でできることとして今おっしゃっていた、別の時間や別の文脈を入れ込むということも映像で表現できることかなと思いました。もちろん違ったかたちになると思いますが。

私は学生時代は絵を描いていたんですけど、絵でそういうふうに時間を扱うことが自分にはできなくて、映像をつくるようになりました。映像は文章と同じで時間を表現するのに適した媒体だと思うんですが、文章とは違うなと思うところもあります。例えば映画なんかで、話の内容は全然思い出せないのにあるシーンの視覚的なイメージだけ強烈に印象に残っているといったことがありますよね。ヴィジュアルの瞬間的なインパクトで時間を超越することができるような要素は、絵画に近いと思うし、文章にはない部分だと思います。

金　確かに、映像はそのまま映すだけではなく、様々な方法で編集して組み替えることで、別のリアリティが生まれてきますよね。
　また、映像をあとから見直して編集することで、自分と「自然葬」との関係性が変化すると感じるところもありました。骨を砕くシーンなんかも、見返してみると、砕く音の大きさに改めて心を揺さぶられました。それをきっかけに、あまり大きな意義を与えていなかった「骨を砕く」という行為について再考したりします。

地主　金さんがカメラに収めた風景は、金さんだからみることができたもので、たとえその場に同席していたとしても私にはみえていなかったものかもしれない。そういう面白さもありますよね。

金　そういう感覚をなんとか共有するために映像をつくっているのかも。

※1　モードに関してはNICHOLS, Bill, *Introduction to Documentary*, 2nd Edition, USA: Indiana University Press, 2010を参照。

※2　ジェイムズ・クリフォード、ジョージ・マーカス編、春日直樹ほか訳『文化を書く』紀伊國屋書店、一九九六（原著は一九八六年に出版）

※3　省察的な態度の映像と人類学の関係については、RUBY, Jay, "The Image Mirrored: Reflexivity and the Documentary Film", *New Challenges for Documentary*, Manchester, England: Manchester University Press, 2005を参照。

プログラム2

撮ることの暴力

――プログラム2で議論されていたように、「撮ることは暴力的」だと思われますか？

　例えばマスコミのカメラが入ることはしばしば暴力行為としてとらえられます。東日本大震災のときもカメラが被災地に入ったときに、被災されている方たちのなかには憤られた方もいました。それは撮る人の態度の問題である場合もあったのかもしれません。でも、もし撮ること自体が暴力的であるとしたら、記録すること、伝えることをどのようにとらえればよいでしょうか。

地主　撮るのが怖かったと私が何度も言っていたから、金さんがプログラム2で「撮ることの暴力性」について話そうとおっしゃったんですよね。『名前のない骨』や、今回は上映していないムスリムの方たちの埋葬についての映像を撮影していたときは本当に怖かったんですよね。私はジャーナリストじゃなくて、アーティストという立場で取材をしました。ジャーナリストがそこにあること、起こっていることを伝えるのとは違って、アーティストが入っていくことで、その人たちの物語を奪ってしまう可能性があると思ったんです。被写体の方を傷つけてしまうのではないか、怒らせてしまうのではないかと思うと怖かった。

　当時はそういう気持ちが強かったんですが、近年、#MeTooやBlack Lives Matterの運動があり、個人の体験を話すことによって、他の人が同じことで傷つかないようにしようという活動が増えてきていますよね。社会に声をあげることで、全部は共有できないとしても、個人の問題ではなく、みんなの問題として開いていくことができることも学びました。ですから、もちろん、語りたくない人に語りたくないことを無理に語らせるのはだめですが、撮ることすべてが悪ではないのもわかります。

金　私はそこまで怖いとは思っていないですね。研究は公共的な意義があるという信念に基づいてやっているところがあります。

でも、撮ったなかで切り捨ててしまう場面もあるし、被写体の方が意図していたのとは違う意味で編集してしまっているのではと思うこともあって、そこに罪悪感のようなものはあります。それは論文も同じだと思います。博論を出したときも、審査や公聴会よりも調査対象になった方々にみてもらうのが一番怖かった。

とはいえ、調査対象の当事者が言わんとした意味ではなかったとしても、それを解釈し、コンテクストを読み出すのが研究者の役割だと思います。それは暴力的だと言われればそうなのかもしれない。でも必要以上に恐れて何も研究しない、発信できないのが一番の暴力だと思うので。

地主　今感じているのは、傷つけることを恐れて、声を聞かないでいることの方が暴力になることもあるかもしれないということ。その意識は変えていかないといけないなと思っています。

本当の暴力とは何かを見極めなければいけないと思います。何かアクションを起こすことで誰かを感情的に傷つける可能性もあるけれども、それを避けてその問題を放置するのがいいことなのか。

アートにおける「撮ること」と欲望

金　先ほどジャーナリズムは「そこにあること、起こっていることを伝えること」が仕事だとおっしゃいましたが、アートの場合はどうですか？

地主　様々なタイプの作品があるので一概に言えま

せんが、社会的な問題を扱った作品ということで考えてみると、ある主題についてアートを通して考えていくというのは、固定概念にとらわれず、柔軟な思考でその問題について考え続けるために必要なことだと思います。自分の制作においても、あるテーマについて記事を読んだり人の意見を聞いて、ただ考えるのと、制作をしながら考えるのでは全然違います。何かをつくるためにはただ考える以上のコミットメントを自分に要求しないといけないので、頭だけじゃなくて全身で思考するような体験です。

　観る側としても、ある社会的なテーマについて表現されている作品を観て衝撃を受け、それからその問題について関心をもったり、調べたりするようになることがあります。素晴らしい作品は、ジャーナリズムとはまったく違うかたちで、人々が意識化できなかったような視点を提示してくれるので、そういうものに出会うと、自分のものの見方が揺さぶられます。例えば、二〇一九年のあいちトリエンナーレがあんなに社会的な騒動になったのも、人々の意識が揺さぶられ、それに対してどう思うのかと問いかける力をもつものだったからだと思うんです。それがアートの力のひとつだと思います。

　ただ、アートの世界で社会的な問題がトレンド的に消費されてしまうようなこともあって、そうなってしまってはよくないですよね。例えば、難民問題や気候変動など、大事な問題がキーワード的に扱われているのをみると複雑な気持ちになります。

金　社会問題について考えさせること自体はいいことだと思いますが、地主さんがそれでも怖さを感じるのはなんでですかね？

地主　自分が制作する場合の話になってしまいますが……。

　美術作品って独特のあり方があるじゃないですか。アーティストは制作費をもらってつくるか、または、できた作品を売って生計を立てます。ジャーナリストも同じと言えばそうなんですが。

特に今回のように、ドキュメンタリー的なアプローチで誰かに取材をした作品を自分の作品として発表するときに、これはどういう行いなのか、搾取なのではないか、と自分のなかで考えてしまいます。だからといって、何かしらの収入がないと活動ができないし……。これはアーティストを続けていくからには、考えないといけない問題です。

ドキュメンタリーの監督がどう考えるのかを知りたいですね。純粋なジャーナリズムと違って、作品制作をするというのは、こうみせたいとか、面白くしたいという欲望があると思います。それは、ただ伝えることとは違うような気がするんです。そういう自分の欲望の存在を知っているからこそ、どう向き合えばいいのかわからない。

——ジャーナリズムにも欲望はあるのかもしれませんね。

金　研究にも欲望は存在します。私も外部資金を得て研究していますし、論文や映像などを積み重ねることで研究職にたどり着ける（＝生計を立てられる）、研究者として名を上げられるという構造は、アートと同じだと思います。こういう欲望のために研究対象に不誠実になるということだけは、一生気をつけなければならないと、つくづく思います。

ただ、地主さんがおっしゃった制作費とか生計を立てるための報酬に限って言うと、簡単に資本主義的な論理に還元してしまうのはもったいないと思います。私がいつも不思議に感じているのは、「経済的に利益が出ること＝良くないこと」と思う人が多いこと。しかし一言で経済的利益といっても様々な文脈があるし、かたちは「お金」であっても互酬性に基づいていることも多いのに、「経済的利益＝資本主義的」と考えてしまうことこそが、私たちがいかに資本主義に支配されているかの反証だと思います。その考え方に囚われすぎて一歩を踏み出せないということがもしあれば、それはそれで警戒しないといけないと思います。

——撮ることの倫理性を考えたときに、被写体に対して絶対にしない質問や行動はありますか？

地主　絶対にしないことはないですね。被写体に対して誠実でありたいという気持ちはあるし、撮ることの倫理についても考えます。でも自分の思いもよらなかったことで相手の気分を害してしまったりすることがあります。その場の状況や、人によって違ってくるから、「これさえしなければ大丈夫」ということではないと思います。

金　私もあまりないですが、少なくとも許可されていないのに撮る、聞くといったことはしないようにしています。あとは、質問に答えてくれる人を何らかの答えに誘導したり、勝手な文脈をつけたりはしたくないとは思っています。よっぽど気になるときは質問しますが、ほとんど相槌を打つぐらいしかしないときもある。たぶん他の社会科学系の研究者が私の調査しているところをみると、遊んでいるようにみえると思います。

　倫理は、その場その場で違いますよね。かといって適当にすればいいというものではありませんが。撮影するときはすごく緊張するんですけど、それは倫理を犯さないかという恐怖心からくるものかもしれません。

プログラム3

歴史問題と映像

——金さんが、地主さんに歴史問題に対する立場を問いたいと思った気持ちと、帝国主義それ自体に対して研究者として抵抗したいという気持ちの間で揺り動かされているという発言が印象的でした。

地主さんの映像について、金さんは「ただみたということを伝えている」と肯定的に受けとめられています。歴史問題が語られるとき、客観的にデータを集めて分析しているつもりでも、実は多分に主観的で、信じたいものだけを信じていることがしばしばあると思うんです。そこで「ただみる」ということが、そうした極度の主観性を抑制するような意味をもっていたのか、お聞きしてみたいと思いました。

「ただみる」ことは自分が日本人であることを一度留保できることになるのでしょうか？

地主　私は留保できないと思っています。映像を撮るうえでも、日本人という態度を留保していたわけではなく、自分の育った日本社会をみつめ直したいというところから始まりました。

当時はお聞きできなかったのですが、金さんがどういった意味で「歴史問題について問いたい」とおっしゃったのか、今お聞きしてみたいと思いました。

金　「最終的にこの映像で何を伝えたいのかな？」という意味で質問しました。歴史問題を扱う映像には結論たるメッセージがあるものだと思っていたのに、地主さんの映像にはそうした結論があまりないように感じたんです。

地主　たしかに、映像のなかで結論を出そうとは思っていませんでした。むしろ私が結論を出せるような問題ではないと感じていました。自分がそうだったように、この問題について知らなかった人に観てほしいという思いがまずあって、自分が体験したことをなるべくそのまま伝わるように編集する、というのが当時の私にできたことです。

　今から思うとよかったとは言えないですが、撮影した時点では、在日朝鮮人の遺骨問題についてちゃんと知っているとは言えない状況でした。在日コリアンの方々のお墓について取材をするなかで、偶然の流れで急遽撮影できることになったので、ある種飛び込んで、状況をとにかく記録するということに集中しました。

　もちろん撮影の前に下調べをしていったので、遺骨問題の背景について最低限の知識はありましたが、知らないことの方が圧倒的に多かった。自分が知っていることでも、本人の言葉で聞きたかったのであえて質問した部分もありました。当事者の語りを撮りたかったのだと思います。

　でも今、そのことの倫理についても考えるんです。以前、鄭さんとお話ししたときに、「マジョリティがマイノリティの歴史や状況について、マイノリティに説明させるのはどうなのか」とおっしゃったことがありました。マジョリティの単なる勉強不足で、その労をマイノリティにかけるのはよくないと。

　今から考えると、当時の取材方法がよかったのかと思うことがあります。当時は、あのようなかたちで撮ることがリアルだと思ったし、ああいうかたちで撮ることで状況を知らない人たちにも自分の問題として感じてもらえるんじゃないかと考えていたんですね。日本人の多くが知らないことだから、その人たちと同じ視点で撮る方が観てもらえるかなと思いました。

金　それをみせたのは勇気があることだなと思います。知らないという自分の状況を含めて忠実にみせようとしたということですよね。だからこそイラっとしたり共感したりするかたちで、観る側が思わずコミットしてしまうような映像になるんだなと。

私は質問を受けている人がイラッとしていたところに共感していたところもありました。だから地主さんに立場表明してもらいたいと思ったんだけど、そう思ってしまう私自身にも違和感があった。自分は韓国にいたときは、自分を韓国人だと強く思ったことがなかったから、なぜ自分がそういう反応をしてしまったのか不思議でした。アイデンティティの一部として刷り込まれているのかも。

私はあれほど研究者として相対的でありたいと言っておきながら、歴史問題を扱った映像を観たときに自分を相対化できなかった。それは私自身も驚きでした。ほかの題材だったら、地主さんの手法を純粋におもしろいと思ったような気もするんです。

地主　あとから見返すと自分でもイラッとしました。その一方で、うまく言えないけど、それがコミュニケーションの本質という感じもしたんです。人と人が出会って、何かが交わされる瞬間って、そんなに冷静ではいられない。いい意味だけでなく感情がぶつかり合うこともある。苛立ったり、理解できなかったり。自分とは違うコミュニティの人に会うときに、そういうことがしばしば起こります。
例えば、テレビ放送されるようなドキュメンタリーの場合は、そうしたコミュニケーションの部分は取り除かれてしまうと思います。被写体との間に齟齬があったとしても、その部分はカットされることが多いと思ったんです。そうした部分をみせたかったというのはあるのかもしれません。

マイノリティにマジョリティが聞くことの暴力性

地主　マイノリティの人たちの歴史的背景や声を、マジョリティがマイノリティに直接聞くことの暴力性についてお聞きしたいです。

私が『名前のない骨』のなかで、あまりにも基本的なことを当事者たちに質問することについて、金さんが苛立ちを感じたとおっしゃっていたんですが、鄭さんはどう思われましたか？

鄭　金さんのイラつきはわからなくもないです。『名前のない骨』はわからないながらも人と出会ったり聞いたり、そういった地主さんの歴史問題に対する姿勢のようなものが、ある意味しっかりと作品内で表れていたと感じました。ですが一方で、そこから踏み込んで、じゃあ何を伝えたいの？と問いたい金さんや私のような受け手がいるということ、そういう声への重要性を、マジョリティは真摯に考えなくてはいけないとも思いました。

金　在日朝鮮人当事者としてはどう思いますか？

鄭　いま日本には様々な問題がありますよね。日本という場所は、植民地支配の歴史が、根こそぎ抜け落ちたまま進んできたんだなと思います。歴史問題だけではなく、いろいろなことをみてみぬふりしてきたつけがいろいろなところに生じてきているのではないかと。

私は在日朝鮮人という生い立ち上、向き合わざるをえなかった。そうじゃない、特に向き合わなくても日々過ごせるマジョリティの場合、相当な努力がない限り、歴史に出会うことはないだろうし、立ち現れている問題の構造を理解することもないだろうと。とても根深いものだと思います。

金　地主さんの作品はある意味、日本人の歴史認識がどれだけ抜け落ちているのかを意識的に明るみにしたものだと思うし、そういうところに意義があるんだなと改めて思いますね。

——自分が日本人であり、国籍におけるマジョリティの立場に立つと、在日朝鮮人の方にどのように接したらいいのかわからないといった躊躇が生じるように思います。

鄭　マジョリティとマイノリティの境界って曖昧ですよね。日本人と在日朝鮮人という構図のなかで、マジョリティ側に躊躇があるとすれば、私は極度に気にする必要はないと思います。

在日コリアンのなかでも、様々なマジョリティとマイノリティがあります。そのなかでは私も時にマジョリティになりえます。その躊躇は無視していいわけではないけど、更新していかなければならないとも思います。確固たる立場として存在しているのではなく、みんながマジョリティにもなりえて、みんなマイノリティにもなりうる。

金　「あなたはマイノリティ」と決めるのが、マジョリティなんですよね。マジョリティは自分がマイノリティにもなりうることを考えていない。

私は在日コリアンのなかでも韓国出身のニューカマーであり、在日朝鮮人の鄭さんに比べるとマジョリティの立場に近い部分もあります。だからこそ鄭さんをマイノリティと規定し、地主さんがマイノリティの人に配慮していないと憤っていたのかもしれません。

鄭　だからといって、人類みな友達と言ってしまったら違うと思う。その境界をなくしがちなのもマジョリティなんだなと。「民族とか国とか全然関係ないよ」という発言にも違和感を感じます。

金　そうした発言も歴史認識が抜け落ちていることに原因があるのかもしれません。歴史認識が抜け落ちているということに自覚的であるというのは大切ですよね。

冒頭に梅原さんが「客観的」という言葉を出しま

したが、最近「客観性」が神話的な力をもつようになったと思うんです。そもそも「客観的」にみることは不可能。人間は神様ではないから、自分がみた側面からしか語れないと思います。でも「相対的」になることはできる。

地主　インターネットが発達して情報量は増えたけど、オンラインだと触れる情報に偏りがありますよね。人によって真実が違っていて、自分が信じる真実に即してデータを集めている。自分の考えが十分に公正なのか、確信がもてないときもあります。金さんがおっしゃる「客観的」でなく「相対的」であるのが大事というのはその通りだと思うのですが、これはファクトチェックを徹底するということなのでしょうか？　どうやって相対性を保てばよいのでしょう。

金　私の言う「相対的」とは、「絶対的」という言葉と反対の意味で、自分の認識から一旦離れて、これも「ある立場」からの認識にすぎないと考えてみることです。

しかし一方で、そういう姿勢を保っていると思いつつ、歴史問題を扱った映像に憤る自分がいるという矛盾にも向き合わなければいけないと思っています。

マジョリティとマイノリティの三重構造

金　プログラム3では、マジョリティとマイノリティの三重構造もテーマになっていたんですよね。日本籍の人と在日朝鮮人、日本籍の人と韓国籍のニューカマー、韓国籍のニューカマーと在日朝鮮人という構造。韓国籍のニューカマーである私は日本籍の人からみればマイノリティかもしれないけど、鄭さんからみればマジョリティでもある。

喪輿歌に対する解釈も、私と鄭さんでは違うのですが、合宿の討議では韓国における解釈を鄭さんに押し付けていたのではないかと気になっていました。そうした私たちの関係性をふまえたうえで、改めてお話してみたいと思いました。

鄭　金さんにご指摘いただいて、喪輿歌は多くの人が悲しみの感情を共有するために用いるものだということに気づきました。ナレーションには、例えば、ひとりでは（あの世へ）行きたくないと、死者視点で悲しみの感情を吐露する歌詞などを入れていたのですが、あまり意識していないポイントでしたね。

私は作品制作においてオーラルヒストリーと、国家や民族がつくった「正当な歴史」と呼ばれるものの対比に注目しているのですが、合宿後、歌い手は誰か、聴き手は誰かといったことに注目するようになりました。いまつくっている作品も歌い手と聞き手の関係性をふまえたもので、引き続き喪輿歌を素材として使っています。喪輿歌のほかに、歌『鳳仙《ホウセン》花《カ》』、自分で書いた日本語の訳詩などを半透明の布に印字します。

『鳳仙花』は洪蘭坡《ホンナンパ》という人がつくった曲なのですが、一九二〇年に彼が「哀愁」というタイトルで作曲し、のちに別の音楽仲間がこれに歌詞をつけ、歌『鳳仙花』になったといいます。花に例えながら、日本統治下における朝鮮半島の民衆の悲哀を歌っています。歌詞は、死んでも魂はその土地にある、蘇る日を待ち望む、という意味にもとらえられるもので、晩歌とは言えないけど、こうした歌詞から喪輿歌との類似性を感じて、作品のなかで組み合わせることにしました。

金　以前の作品がおじいさんと鄭さんという個人対個人の関係が中心になっていたとすれば、今回の作品では『鳳仙花』を入れたことで、朝鮮半島の民衆という集団的なところまで歌い手と聞き手の関係が拡張されたということでしょうか？

鄭　歌詞の訳は祖父のオーラルヒストリーとも関連付けながら、個人の関係にも引き続きフォーカスを当てていますが、『鳳仙花』を入れた時点で、金さんがおっしゃるように、もう少し対象を大きくしているかもしれません。

　喪輿歌が含んでいる朝鮮の死生観、例えば儒教的な思想などがあるのだろうと思うのですが、そういった点を私はあまり理解できていないので、在日朝鮮人だけでなく、もっと広く誰か大切な人をなくした人なのかも。また『鳳仙花』を入れることで、故人に限定せず物語、言語、土地などの喪失も含めて、亡くなった者への眼差しや、「喪」とは何なのかを考えたかったのだと思います。

金　私が調査をしている慶尚北道地域に、個人的に喪輿歌を学んで歌っている人がいたんですよ。その方が「調査をしに来たのならみせてあげる」と、わざわざ人を集めて喪輿歌を歌ってくれたのですが、誰も亡くなっていないのに、その場にいた人がみんな泣き出しました。

鄭　この曲を聴けば、反射的に泣いてしまうということですか？

金　私もそれがすごく不思議でした。

　もしかしたら死んでしまった人を思い出して泣いたのかもしれませんが、一方で喪輿歌は誰か個人の死の悲しみを共有するだけでなく、死によって喚起される感情や思索を共有する装置なのだと改めて気づかされました。でも、これは一九八〇年代の都会で生まれ育った私には共有されていない装置で、エキゾチックにまで思えましたね。

鄭　金さんも喪輿歌については距離があるというのは新鮮です。私は母語が日本語で、韓国語のネイティブではないので理解しにくいのですが、この歌詞は不思議と入ってくる。

金　逆に私は喪輿歌の歌詞は古いものに感じるので、ピンとこないんです。在日コリアンの方は、昔の言葉を使っているのかもしれません。

鄭　在日朝鮮人の多くは母語が日本語なので、コミュニティ内での朝鮮語や韓国語自体の発展は難しく、もしかしたら昔の言葉からあまり変化がないまま停滞しているのかもしれません。もし発展があったとしても、それは日本語がベースにある別の言語へと変化しているとも思います。私は在日コリアン内の北朝鮮寄りのコミュニティで育ったので、朝鮮語を学び北朝鮮にも行きました。それで当たり前ですが、南北で言語が少し違うなと感じました。説明するのが難しいのですが喪輿歌は私が学んできた、そういった日本のなかの朝鮮語と近いものを感じます。

また、日本語話者として喪輿歌の歌詞を読んだときに、歌詞がこれ以上ないというほど綺麗に削ぎ落とされていて、言葉としての質の高さを感じました。四つの文字だけで、ここまで意味を込められるのかと。聞いていると胸が熱くなったりします。

金　そういう意味では喪輿歌については、鄭さんの方がマジョリティなのかもしれませんね。私は在日コリアンの方の言葉は、単語選びやアクセントが昔の韓国語に近いからか、パッと聞いてもわからないことが多いんです。言われてみれば、たしかに喪輿歌に近いエキゾチックさを感じます。

やはり鄭さんがおっしゃったようにマジョリティとマイノリティの関係性は一様ではなく、私がマジョリティとして喪輿歌の本来の姿を鄭さんに押し付けたのではと気にしていたことは、自分がマジョリティだという確信がどこかにあったからだと思います。

プログラム4

アートと研究の接続点

——プログラム4では論理と非論理の話がありましたが、アートと研究はこの両者に対してどのように接していると思いますか？　また両者の共通点や違いについて、みえてきたことはありましたか？

金　研究者がアーティストよりも論理的か、と言われればそうではないと思います。あえて比較するならば、研究者はより「論理を追求する姿勢」があるのかなと。

つまり、成果物よりもその人がどこまで何を求めていたかによると思います。とはいっても、人類の営みに迫っていきたいという究極の目標は共通しているから、お互いインスピレーションを得ることができますよね。

地主　自然科学のような分野でも、まだ論理的に説明できない部分ってありますよね。

金さんが言う「論理を追求する姿勢」というのは、解明できないことをどうにか説明しようという意志なんだと思うんです。でもアートは、解明できないものを解明できないままに扱えるところがある。これが何かはわからないけど、ここに何かがある、ということを提示するもの。そういう世界のとらえ方もリアリティのひとつのあり方なのかなと。

金　理解しようとするのか、表現しようとするのか、という違いもあるかもしれませんね。アートは言語にしないままに表そうとすることもあるのかなと思いました。

——地主さんの作品は理解しようという面もあると思いました。

地主　もちろん、どちらの側面もあるのは前提として。

自分の作品で、言語的ではないものもあります。言語で伝えようとするとこぼれてしまうものもあるから。最終的にはどこまでいっても語れなさがあると思っていて、それを扱うのがアートなのかなと思います。

金　自分もあれこれ言っているけど、実際に書いた論文は全然論理的じゃなかったりして(笑)。でもアートと違うところは、あえて「語れない部分を残しておいた」と感じるのではなく、「扱えなかった」「削ぎ落としてしまった」と感じてしまうところです。だから映像なんかに手を出していると思う。

地主　言語を扱うものであっても、論文と、小説や詩って違いますよね。だから何をもって論理的・非論理的というか、厳密に考えると難しいですね。どこまでいってもアートと研究を一般化したり、完全に切り分けたりすることはできないし、私たちが討論を経てどう考えたかということしか語れないなと思います。

総論に代えて

噛み合わなかった話についての話

研究者とアーティストの協働でみえてきた、葬いを映すことの意義

金セッピョル

研究者とアーティストという括りはいくぶん作為的であると熟知しながらも、あえてそのような括りのもと、アーティストという他者とじっくり話し合ってきた。私と地主さん、ひいては人文学の研究者とアーティストは共鳴するところが多いと日頃から感じていたため、今度はあえて両者を区別し、違いを探ってみたかったのである。一分一分がとても濃かった二泊三日間の合宿、そして本書を刊行するまでの一年半にわたっての、地主さんや登壇者・編集者の方々と交わした対話からみえてきたことはとても多い。振り返ってみると、自分の知の体系が揺さぶられる経験であり、また葬いを映すことの意義を再確認できる時間でもあった。ここで得られたことを一般化するにはまだ早いが、ひとまずエッセイのようなかたちで書き綴ってみたい。

今回改めて気づいたのは、おもしろい発見はお互いの話が「噛み合わない」ときに生じるということである。本稿では、研究者とアーティストの噛み合わなかった話について少し深掘りしてみたい。まずはこれからの論点をよく表している、総合討論で行われた次のようなやり取りを再度取り上げることから始めよう。この会話では、葬いの研究者である土居さんが、それぞれのアーティストの作品に「葬いの個人化」の傾向が表れていると指摘している。

土居　（前略）これはプログラム3で二藤さんがおっしゃっていた「ある事柄について事前に知識をもっていなかったとしても、素朴な個人としての視点を提示するのは大事」という話とも関連しますが、生きている人間が素朴な個人に立ち返るというのは非常に大事だと思うんですけど、今の人たちは死後の個別性にまですごくこだわっているようにみえるんです。例えば、地主さんの映像にもあった、遺骨が他の人と混ざると悲しいとか、本来じゃないとか、そういう感覚ですね。だけど「そういう感覚が当たり前になったのは、ここ数十年くらいの話じゃないの？」と考えている自分に改めて気づかされました。ちょっと一般常識からズレているかもしれないんだけど。

二藤　素朴な個人でいることが大事だという話は、アートの特徴というか、アート作品がもっている性質についての話のなかでしたつもりですけど。

土居　「作品の作者としての個人」という話とはちょっと別の話なんですけれど。要するに、アーティストが、人間の個性の死後にまで及ぶ永続性みたいなものを無意識的に前提にしているのではないかと思ったんです。そういう前提が、アーティストがどうイメージを切り取って映像をつくっていくかにもつながっていると感じた。

ここでふたりは「個人」、「個別性」について話しているが、ご覧の通り嚙み合っていない。その理由として、ここではふたつの点に注目したい。まず、葬儀の変化について勉強してきて、葬いが個人化することの特殊性に気づいている人でないと、「人間の個性の死後にまで及ぶ永続性みたいなものを無意識的に前提にしている」とか「そういう感覚が当たり前になったのは、ここ数十年くらいの話」と言われてもピンとこないだろう、というのが一点めである。ところが、ふたりのズレは単にアーティストの知識不足に起因するという話ではなく、そもそも両者は「個人化」という現象と向き合う態度が根本的に異なっているのではないか、というのが二点めである。二藤さんの語りやアーティストの作品には、葬いの個人化の傾向が「無意識に」前提とされているということであったが、土居さんはその前提自体を相対化し、俯瞰するような姿勢で語っている。この点については後ほど、合宿で得られた知識を取り入れて新しい作品を制作された鄭さんの話も交えて、「研究者とアーティストの知識との向き合い方」という観点から取り上げてみたい。とにかくこのようなズレが研究者とアーティストの対話の根底に流れており、噛み合いそうで噛み合わない話を紡ぎ出していた。

以下では、まず葬いの個人化について私の研究内容を交えながら述べることで、土居さんと二藤さんの間の溝を埋めつつ、現代の葬いの文化の特徴について考察してみたい。それを踏まえたうえで、今、葬いを映すことの意義について現段階での展望を提示することが、本稿の目的である。

「葬いを映す」ことの意義はいろいろあるだろうが、ここでは合宿で浮き彫りになった研究者とアーティストの相違点や、それと向き合うことで得られた気づきを軸にする。そのために、上記の「研究者とアーティストの知識との向き合い方」の違いに加え、これは番外編のようなものであるが、合宿の記録を本書にまとめる過程で露わになった、地主さんと私の思考法や表現方法の違いについても振り返ってみたい。本の編集は、合宿で生起した会話をめぐる現象を解釈し表現するという作業であり、研究者とアーティストの協働そのものになったからだ。

前置きが長くなってしまったが、合宿で交わされた対話の、解説のような裏話のようなお話に、しばしお付き合いいただければ幸いである。

葬いの個人化、その奇妙さについて

前の引用で土居さんは、「今の人たちは死後の個別性にまですごくこだわっている」と話していた。この「死後の個別性」について、もう少し掘り下げてみよう。現代の日本社会では、誰かが亡くなったあとも、その人はその人としての人格を保ち続け、個別的な存在として葬われる。例えば祖父と祖母は、亡くなってからも祖父と祖母のまま追慕される。しかしこのような感覚が根づいたのは土居さんがおっしゃる通りそこまで古くなく、例えば人は死ぬと西方浄土に行くと考えられたり、「ご先祖様」になるなどと考えられていた時代が長らく続いた。[※1] つまり、人は死んだら集合的な何かになると考えられていたわけであり、生前の個別性が死後もずっと続くという発想は現代に特有のものである。

さらに私の研究と関連づけて言うと、現代の大きな特徴は、死後の個別性が「私」にまで及んでいるということである。祖父母までいかなくとも、「私」という存在は死後も相変わらず「私」であるという前提があるからこそ、自分の死後の葬儀や身辺整理について「エンディングノート」を書き残すような時代になっている。「私」は死んだ後も生前と同じ関係性のなかで、同じ人格として生き続けるのだ。本稿では、このように死後の個別性が当たり前に考えられるようになること、さらには葬儀を「私＝死にゆく本人」のものと認識されるようになる現象を、「葬いの個人化」と呼びたい。

葬いの個人化の波のもと、一九九〇年以降は様々な新しいかたちの葬儀が登場した。自然葬のように遺骨を撒いたり、赤の他人と同じ墓石、あるいは木の下に埋めて、代々におよぶ祭祀供養をしない方法などがそれである。今になっては同様の特徴をもつ「永代供養墓」が広く普及し、また「海洋散骨」などの名称で、自然葬と類似した葬法を提供する葬儀業者も増えてきたが、その始まりはこの時期に遡る。それは、少子高齢化によって墓を購入しても面倒をみたり、次に入る子どもがいないという人が増えたことはもちろん、葬儀を「私」のものとして認識し、「子どもに迷惑をかけたくない」とか「お墓に入りたくない」という発想が登場したことも大きな原因となっている。

自然葬は、このような新しい葬儀のなかでも葬いの個人化がもっとも先鋭なかたちで見受けられる葬儀である。自然葬を初めて提唱した「すすめる会」は、葬儀が「私」のものであるということをむしろ権利であるとし、「死後の自己決定権」を主張してきた。このようなラディカルな主張がなされた背景には、それまで主流であった「先祖代々の墓」を軸とする葬儀が、死にゆく「私」の意思と関係なく「家」や国家によって強制されたものであるという歴史認識をもとにする。永続的な家父長制である家制度は、明治時代に天皇家をその頂点としてつくられたものであるが、「先祖代々の墓」はその家制度を定着させる段階で広まったものでもある。つまり「先祖代々の墓」は、死者を埋葬して祈念するための対象であるだけでなく、家制度を強化し、再生産させるための装置でもあった。[※2] こういう歴史認識のもと、「すすめる会」の初期メンバーである戦争経験世代や団塊世代は、自分の死後はこのような強制を受けたくないという気持ちから「死後の自己決定権」を主張し、「先祖代々の墓」とは正反対の自然葬を考案したのである。彼らの鋭い問題提起とそれを具現化させた自然葬の登場は、日本社会の葬儀が多様化していくうえでひとつのターニングポイントになった。

このような人々を対象に長らくフィールドワークをしたこともあり、私も二藤さんと同様、葬いの個人化を当たり前のように受け入れていた。なんせ私はソウル生まれ育ちの都会っ子で歴然とした個人主義者であり、また国と世代は異なるにしろ、思想的に「すすめる会」で出会った方々に共感する部分が多かったためである。しかし実際に自然葬の現場に立ち会うようになってからはそういう感覚に疑問を抱くようになった。「すすめる会」は上記の思想的、歴史的背景もあり、死にゆく本人の意思を最重視する方法を構築してきたわけであるが、いざ実行するとなると、残された人の状況や意向によってなかなか想定通りにはいかないのである。「すすめる会」は葬儀が死にゆく本人のものであるということにこだわるあまり、人間は決して自らの葬儀を行うことができないという事実を看過してしまったのではないだろうか。そう考えると、自分の自然葬を念入りに準備する行為が虚しくさえ思えてくるのであった。

もうひとつ考えてみたいのが、残された人はなぜ想定通りに自然葬を実行できないかという問題である。私は、遺族が故人の自然葬に賛成し、今後自らの自然葬を望んでいるような場合であっても、遺骨を目の前にしたらそれまで想定していたこととは違う行動をとる場面を、何度も目撃した。例えば、遺灰をすべて撒いて何も残さないつもりだったのが少し残してしまったり、極端な場合は、一部は自然葬にして一部はお墓に入れるということもあった。死に直面してから生じるこのようなズレにこそ、死の威力、ひいては本質のようなものが息づいているのではないかと思うと、死を前にした人間の無力さを痛感せざるをえなかった。

それは、死にゆく本人が自分の葬儀を構想するという営みは、その人の人生の終わり方を想像することであって、死そのものについて考えているわけでも、残された者がいかに死者を葬うかを考えているわけでもないからであろう。そのため、いくら死者本人を中心に葬儀を準備してきたとしても、残された者は残された者で、死の威力の前に余儀なく立たされる。奇妙なことに、人々は以前より自分の死について語るようになったにもかかわらず、むしろ死そのものの威力は見過ごされ、死と向き合うことはいっそう困難になっているよう

にみえる。[※3]

だいぶ批判的な言い方になってしまったが、時代の制限ないしは認識の限界はあるものの、なんとかして死を納得できるようなかたちにし、死者を追悼しようとする不断の努力に人間の偉大さをみるとともに、同時代を生きる(死ぬ)ひとりとしてシンパシーを覚えたことも、付け加えておきたい。

死を歌う喪輿歌

ここまで葬いの個人化について述べてきたが、私もこの奇妙さに気づいたのはわりと最近である。そのきっかけになったのが、韓国における喪輿関連民俗の復興運動であり、これについて調査を進めているうちに、挽歌の一種である喪輿歌に出会った。この喪輿歌を通して、現代の葬儀とは異なる、死そのものについて思索し向き合おうとする葬いの一端を垣間みることができた。

喪輿関連民俗の復興運動について簡単に説明しておこう。日本でもそうであったが、韓国ではかつて遺体を自宅から墓場まで運ぶ際に、遺族や参列者が列を組んで移動していた。それを葬列という。葬列はこの世からあの世への移行を意味する重要な儀式であり、なかでも遺体を乗せる喪輿は葬列の中心的な存在であったと考えられる。ところが土葬から火葬への移行や葬儀の場所の変化などを背景に、現在はほとんど姿を消している。

それがどういうわけか、二〇〇七年に喪輿や、喪輿を保管する小屋を保存しようとする動きが現れた。この運動の狙いは、喪輿、喪輿を保管する小屋を有形文化財に、そしてかつての葬儀習俗を無形文化財に指定し、現代の葬儀で失われた精神を後世に残していこうというものである（実際に喪輿を使おうという趣旨ではない）。一方、喪輿を担いで移動する際に歌っていた喪輿歌は口頭伝承のように受け継がれてきたものであり、地域別に特色のある喪輿歌を発掘して無形文化財に指定しようとする動きも、一九九〇年代頃からみられる。

こう説明してみると、韓国では日本とは逆に、新しい葬儀の選択肢が現れるどころか、伝統的な葬儀を保存していこうとする方向に向かっているようにみえるかもしれない。ところがそういうわけではなく、むしろ韓国では、朝鮮時代中期頃から庶民レベルまで広まっていた土葬が、一九九〇年頃から火葬に急転換し、現在は火葬率が九〇パーセント近くにまで伸びたという背景がある。また、火葬後の遺骨処理の方法のひとつとして、自然葬や樹木葬も国が勧めているような現状である。短期間でここまで大きな変化を経験したからこそ、昔のやり方を保存しようとする運動が出てきたと推測されるが、まだ調査途中であるためはっきりしたことは言えない。

とにかく、私は二〇一九年に慶尚北道《キョンサンブクト》慶山《キョンサン》市および永川《ヨンチョン》市一帯で調査をしている際、喪輿歌を学んでいるLさんに出会った。Lさんは一九五〇年、慶尚北道尚州《サンジュ》市生まれで、幼い頃からものづくりや芸能に興味をもっていたが、貧しい家庭で九人兄弟の長男として生まれたがために、安定的な収入が得られる仕事に従事するしかなかった。生活に余裕が出てきてからは、綿々と続いてきた庶民の暮らしや芸術に興味をもち、各地に伝わる藁工芸や民謡、喪輿歌などを学びながら全国を放浪したという。

Lさんと一緒に藁を編みながら話を聞いているうちに、「昔ながらの民俗がそのまま残っている」という、彼が住んでいる村に連れて行ってもらう機会があった。都会っ子としてはこれまでプライベートでは訪れたことのないような田舎で、訛りがきつくて年配の方々の会話は聞き取れないほどであった。まず町内会館のような場所に立ち寄ったら、ちょうど昼ごはんの時間だったこともあり、村人が五人ぐらい一緒にご飯を食べていた。そこで葬儀の研究をしていると自己紹介をしたら、「せっかく日本から来てくれたから喪輿歌を聞かせてあげよう」という流れになった。また、喪輿歌は人が多ければ多いほどよいということで、他の村人を呼びに走ってくださり、すぐ十人ほどの方に集まっていただいた。そうやって、誰か亡くなったわけでもないのに、喪輿歌が部屋に響き始めた。

喪輿歌は死者が生者に、死の虚しさやお別れの言葉などを語りかけるような歌詞で構成され、歌い手が先にそれを歌うと、参列者たちが「アイゴ」、「オオホァ」などの相槌を合唱する形式になっている。歌い手が歌う部分はある程度定型化されているが、地域や故人の特性を反映して即興的に歌詞が追加・変更されることもある。定型化されている部分を一部だけ訳してみると、次の通りになる。

「元気で　元気で　村人たちよ　元気でいて」
「いま逝くと　いつ帰れるか　一度逝くと　帰れない」
「一家親戚　多くても　誰が代わりに　逝ってくれるか」
「逝く　逝く　私は逝く　万年の家を　探していく」

最初は、喪輿歌の試演というおかしな状況で、みんなが笑いをこらえながら歌っていた。それがLさんのハスキーな声が部屋に響き渡り、みんなで相槌を打っていくうちに、少しずつ粛然とした雰囲気になり、最後はみんなが泣き出した。誰も亡くなっていないのに、である。

なぜみんなが泣き出したのか。そこに居合わせた人たちは、「そんなことは言葉で言い表せない」と言いながらも、「歌詞が胸に響いた」「私もいずれたどる道だと思うと涙がこぼれた」と口を揃えた。つまり、特定の故人を思い出したわけではなく、死を考える際に想起される様々な感傷に浸かっていたのである。それは、喪輿歌に定型化された歌詞が存在することからもわかるように、喪輿歌が個別の死者による歌なのではなく、誰しもがなりうる死者の立場を代弁する歌だからであろう。そのため喪輿歌をいっしょに歌うことは、喪輿歌の話者である死者を葬うだけでなく、同時に「私」の死を噛みしめることになる。そういう意味で、喪輿歌は特定できる「誰かの死」より「死そのもの」についての歌であり、死後の個別性を前提とした葬いとは一線を画すのではないだろうか。喪輿歌が歌われた頃の葬儀は、自然葬をはじめとする現代の葬儀にみられるような、死にゆく本人の人生を結んだり、死後も生前の人格で存在しつづける死者の葬いとしての意味を超えて、死者と生者がともに「死そのもの」を歌い、死の威力に向き合うための装置だったのかもしれない。

知識を内面化するか、俯瞰するか

プログラム3で上映した鄭さんの『沈晴歌』という作品には、喪輿歌の一部が援用されている。しかし鄭さんの作品における喪輿歌は鄭さんがおじいさんを葬うものとして再解釈されており、特定の死者と生者の関係に還元されているようにみえた。合宿では、こういった違和感を鄭さんに伝えている（六八ページ）。

ありがたいことに、当時私が投げかけた疑問は、合宿のあとに制作された鄭さんの新作に反映されたそうである。解題にも登場する、『鳳仙花』という歌と喪輿歌をモチーフにする作品がそれである。鄭さんは解題作成のために交わした対話で「(死後も)引き続き(生者と死者のあいだの関係性が)個人対個人に帰結するのではなく、違う関係性もありうる」ということに気がつき、喪輿歌が「不特定多数の人たちと感情を共有して、みんなで歌うような開けたものだった」ことに注目したという。そして「葬列に並ぶような、誰かを亡くした人たちが、これからも生きていくために自分たちをケアし、活路をみつけていく」という視点を盛り込んで作品を制作したという。確かに合宿当時より開かれたように思うが、一方ではあくまでも生者の範囲が広がったのであり、「誰かの死」を葬う歌という認識には変わりがないように思えた。これも死後の個別性が浸透したもうひとつの結果であるように思うのだが、現代における葬いは、死者と別れた「私」の悲しみをいかに癒すかという側面が強調されがちである。そのため、死者と生者の境界が曖昧であり、いずれ同じように死にゆく者同士がともに死の威力に向き合うという意義は、依然として見出せないように思えた(念のため付け加えると、このような私の視点からの考察が入っていないからといって鄭さんの作品に価値がないという話ではない)。

私のこのような補足説明に対して鄭さんは次のように答えた。

> その解釈は勉強になるし納得できるところもあります。しかし作品としてつくり上げるときは、頭のなかで理解できていたとしても、知識が体の一部、血肉になっていないと表出されないんだなと思いました。映像合宿で金さんの視点にハッと気づかされて意識的にやったつもりでも、その解釈は自分のなかで抜け落ちて、別のもので表出されます。

喪輿歌に関する知識を内面化しないと作品制作ができないという鄭さんは、それを分析的に語る私とはかけ離れていた。それに今度は私がハッとさせられた。鄭さんとは対照的な、研究者の「内面化されない知識」に改めて気づかされたのである。私も喪輿歌における葬い方を内面化できないのは鄭さんと同じであるが、それを知ったように話して、このように書いてまでいる。鄭さんと私の違いは、冒頭に書いた二藤さんと土居さんの「葬いの個人化」に関する知識との向き合い方の相違に通じている。二藤さんは、アーティストの作品に葬いの個人化の傾向が表れているのではないかという土居さんの指摘に対して、「素朴な個人でいることが大事だという話は、アートの特徴というか、アート作品がもっている性質についての話のなかでしたつもり」だと、お互いに「個人」を語る文脈が異なっていると応対した。これはプログラム3の議論において、在日コリアン問題に対する地主さんの「素朴な個人」としての視点も、アートにおいては有効であるという台詞につながっているが（七八ページ）、実はこの台詞には、未然のうちにすでに「個人化」した人間像が内面化されている。

このようにある知識を内面化したうえで作品を制作するアーティストと、内面化はしないものの、俯瞰的な立場から眺める研究者の対比が、この合宿の登壇者には共通していたように思う。まだ文化人類学は、研究者自身が道具となってフィールドワークを行い、そこで経験したことをデータにするため、個人として知識を内面化して表現するアーティストと親和性が高いように思うが、それでも最終的には分析的な視点で民族誌を書くという意味で、結局は学問である。学問の体系のなかにいる研究者は、そもそも個人として感じたことを表現するというより、ある現象を分析し、集合的な知識を生産することが使命であるため、アーティストのように何かを内面化する必要はあまりないのかもしれない。

それでも私は度々、葬いを研究するうえで物足りなさを感じるときがある。例えば先ほど述べた、葬いの個人化によってみえなくなった死の威力だとか、喪輿歌が歌う「死そのもの」は、俯瞰的な立場からはなかなか掴みにくく、また表現しにくいと感じるのである。これは私の勉強不足に起因するところも大きいが、それでも鄭さんをはじめとするアーティストたちの作品では、言語化こそされていないものの、死そのものに関する考察が溶け込んでいた。これは、地主さんが解題でも話したように、「頭ではなく全身で思考する」からこそ可能になってくるのかもしれない。

あるテーマについて記事を読んだり人の意見を聞いて、ただ考えるのと、制作をしながら考えるのでは全然違います。何かをつくるためにはただ考える以上のコミットメントを自分に要求しないといけないので、頭だけじゃなくて全身で思考するような体験です。

葬いというテーマを研究するうえでは、いずれ死にゆく者であり、また誰かの死を経験する者として、内側から手を差し伸べてしか届かない本質のようなものがありそうなのは、私だけの考えなのだろうか。

噛み合わなかった編集方針——会話と作品の「リアリティ」をめぐる対立

今度は本書の外の話をしたい。もともとは合宿で行われた議論が面白かったので記録として残したいという、わりと軽い気持ちで鼎談の編集を始めた。出来上がったものは自費出版というかたちで数百部だけ刷って、関連分野の研究者やアーティストなどに配る予定であった。それがいざ編集を終えてみると、参加者たちの話が様々な角度から示唆に富んでいて、思ったよりも広がりのある内容になった。そこで一般書籍として刊行する機会をいただいて、さらに修正加筆を進めてきたところである。

しかし出版が決まるまでは、これを暗に研究成果の一貫として考えてしまっている私と、作品の一部としてとらえている地主さんがいて、何度もぶつかり合うこととなった。要所要所で現れる考え方の違いと向き合うことはお互いにとって大変な経験であったが、その衝突こそが研究者とアーティストの差異を確認できる場面であったように思う。また、その過程を経て出来上がった本書自体、研究者とアーティストの協働の成果であると言える。ここでは、編集過程で地主さんと私の間で生じた衝突とその意義について振り返ってみたい。

合宿の記録を編集するにあたっては、大きく次のような過程があった。まずは合宿の録音データを起こした膨大な原稿をもとに、ある程度まとまりのある内容別に、各プログラムの企画趣旨につながるような見出しをつけていった。また、見出しの論旨に沿うように内容を組み替えたり、論旨と関係ない内容を削ったりしたあと、それぞれの発言を文章として整えていった。会話は文章とは違って、話したい要点がはっきりしないことが多く、同じ話が繰り返されたり、参加者同士が異なる理解のもとで話していることもしばしばあった。もちろんこういう特徴が会話の魅力であり新しい発見の母体になるのだが、論旨をはっきりさせるためには、録音起こしの原稿を一から書き直すぐらいの勢いで修正加筆をしないといけなかった。

ひとつめの噛み合わなさは、この段階で起こった。まずは私が一通りこの作業を行い、地主さんにみてもらったところ、次のような反応が返ってきた(以下で取り上げる会話内容はＳＮＳでのやり取りを私が適宜、編集したものである)。

　このままスッキリ整理された本にしたら、読者は飽きてしまうかもしれない。でも合宿当時に話された言葉の感じを残して、鈍長さのなかで粘って読んでいくと、話の飛躍の面白さとか深さに気づくかもしれない。

あのあたりの葛藤とかモヤモヤとか軽い衝突みたいなものがごっそりカットされてしまっているような気がしたのですが……個人的にはあそこが一番大事だと思うのです。今の文章では批判のニュアンスが弱められているように感じました。

やっぱり書き言葉にするとそれぞれのキャラクターが消えちゃって、ちょっとノッペリしちゃう、というのは思いました。

つまり私が編集したバージョンは論旨に沿って整理されすぎていて、合宿で交わされた会話の魅力や、言葉に漂っていたニュアンスが失われたと感じられたようであった。このような傾向は、特にアーティストの作品と語りが中心となったプログラム3と4で顕著であった。研究者の語りは比較的に論旨に沿っていたので、書き言葉にしたり組み直したりしてもそこまで違和感がなかった。しかしアーティストの語りは一見、論旨と関係のない内容がたくさん含まれており、思ってもいない方向に話が流れていったりする。それはそれで重要で面白い発見にたどり着くのだが、見出しをつけて論旨を整理するスタイルでは汲みきれない部分が多かった。また、そもそもアーティストが話した内容の意味を私が理解できなかった箇所もあり、そういうところはバッサリ削っていった。

そうしたら地主さんとしてはこのままでは出せないということになり、プログラム3と4を中心に彼女が編集し直すこととなった。その結果物に対して、今度は私が反発した。

> あまりにも発言内容が文章になっていなくて、出席していない人はわからないと思う。
>
> 私たちは出席しているから、文章として整っていないものを読んでも記憶がよみがえるかもしれないけど、初めて読む人にとっては何を言っているのかわからないと思います。

私は私で、文章となると言いたいことがはっきりしていて、ある程度書き言葉になっていないといけないと思っていた。それを読者の立場を代弁するように言っているが、ここでの読者も私が想像できる範囲に限られるので、結局のところ私が読みやすいかどうかが基準になっていたと思う。

このように私たちは違和感を率直にぶつけ合いながら、納得がいくまで何度も編集を繰り返した。お互いを説得し説得される過程で、それぞれのバージョンがもっているよさも発見できるようになり、また相手の視点で自分の編集を見直すことができるようになった。

地主　もともとアーティストの言っていることは噛み砕きにくいので、プログラム1のようにすっと読むことはできないですが、それはもう仕方ないですよね。

金　もっとすんなり読めるように書き換えることもできると思うけど、それこそアーティストじゃなくなるかもと思って、迷っています。どう思いますか？

地主　もう一回読んでみたら、たしかに噛み砕きにくいけど、アーティストの言葉っぽさが残っているからそこがよい。理路整然としていたら、らしさがなくなってしまいそうですよね。

このように少しずつ歩み寄った結果、本書に掲載されているものに近いバージョンにたどり着けて、私としては満足している。ただ、最終的には私が第一編者であり、最初の見出し構成を主導していたこともあって、地主さんには譲っていただいた部分があったように思う。

そもそもこのような編集方針の違いはどこからくるのだろうか。そのヒントを、解題での会話でみつけることができた。地主さんの、映像の編集において「物語を重視している」という発言のあたりである（一三七ページ）。

> ここでいう「物語」とは（中略）そこにいる人たちの関係性のダイナミズムや、対話がどう成立し、成立しなかったのか、出来事がどういうふうに進むかというような複数の要素が絡み合ったある一連の流れのことです。私にとって編集作業は、断片的なシーンをつなぎ合わせて流れを起こすこと、運動している状態にもっていくことです。

その場にあった「物語」を、「一見関係がなさそうでも」取り入れる。それが地主さんにとっての「リアリティ」を生み出す映像の編集方針であった。このような考え方が鼎談本文の編集においても一貫していたのではないか。合宿で行われた対話もひとつの現象であり、切り取って再構成しないといけないという意味では、映像の撮影・編集作業に通じている。そのため地主さんは合宿で行われた対話の論旨だけでなく、鈍長さ、飛躍、モヤモヤする感情、言葉のニュアンスを原稿のあちこちに散りばめ、「運動している状態」にもっていきたかったのであろう。それに対して、解題でも「私は地主さんに比べると『運動』をそこまで重視していないと思います。それは論文を書くときと比較すれば重視していると言えますが、それでもやはり雑談的なところはけっこうカットしたりする」と答えている私は、地主さんが重きをおく部分をカットしていったのだと考える。

丸く収めるつもりはないが、こういういざこざはあったものの、本書を出版するにあたってはそれぞれのこだわりがいい塩梅になったのは確かである。もし本書を読んで、文字で書かれている内容を超えた情景やダイナミズムを汲み取っていただけたのであれば、それは大いに地主さんの貢献である。

噛み合わなかった編集方針——作品の言語化をめぐる対立

しかしこれよりも先鋭に対立したのが、各プログラムの冒頭に載せるための作品解説を書くときであった。鼎談は映像作品を観てから行われたが、読者は作品を観ていない状況で本書を読み進めないといけない。これが一番難しいところで、鼎談の内容を理解してもらうためには、鼎談で取り上げられた特定のシーンに関する説明を、各プログラムの冒頭にある作品解説に入れるべきだと思っていた。そこで地主さんに作成を依頼したところ、予想もしなかった反応が戻ってきた。

作品についてもうちょっと詳しく説明はしようと思うのですが、話された内容に沿って解説することはしたくないのです。というのも、あれはあくまで一視点からの解釈なのに、作者としてその解釈を作品の解説として書くことには抵抗があります。それをすると、作品の範囲を自ら狭めてしまう。

それぞれの場面のとらえ方は有機的なもので、映っているものがすべてではないと私は思っています。例えばリズムの強弱とか、色合いや光の変化がそのシーンを構成している場合もあって、そういうのは言語化できないもので、みた人が直感的に受け取るものなんですよね。そこを語らずに映っているシーンの内容だけを、作者である私が語ることの危険性を突然感じてしまったんです。

そもそも本というのは、言語をベースに成り立つものである。私はそういった本をすでに一緒につくっている地主さんが、なぜこのようなことを言うのか理解できず、次のように返した。

この対談のなかでは地主さんの作品に対する私の解釈が入っていて、それを前提に話が進んでいます。つまりこの本は、地主さんの作品のすべてではなく、それに対する一定の解釈を前提にしているということです。地主さんの作品は作品で、観た人にそれぞれ解釈されるべきだけど、この本がある解釈に基づいている以上、それがどういう内容に基づいているかを示す必要はあると思います。

こういう緊迫したやり取りの末、特定のシーンの説明を冒頭の作品解説に含むのではなく、鼎談本文の途中で特定のシーンに関する話が出てきたら、その都度作品スチルとキャプションで説明するという方法で折り合いをつけた。なるべくきっちりとした解釈を与えないながらも、対象となるシーンを読者に想像できるようにするための回避策であった。それでも地主さんにはある種の危機感が残ったようであった。

作品をあえて言葉で解釈し、制作の手法を分析していくというこの試み自体、私にとっては実は諸刃の剣なんですよね。校正しながらそれはしみじみと感じていました。

制作者としての自分と、分析者としての自分に引き裂かれていきました。それが今後制作を続けるうえで危険に感じる。何かをつくるときに、分析的な思考をもち込みすぎたくないな、と。私はつくっているときは直感に従ってつくっているので、そこをわざわざ暴きたくないという気持ちがある。

こうなると本を出すこと自体が地主さんにとって暴力になるのではないかと真剣に迷ったという反省はさておき(このエッセイが反省文になるのは地主さんも不本意であろう)、彼女の心の叫びにはハッとさせられた。それは、総合討議で何度も出てきた、アーティストの制作の営みと研究者の専門知のあり方に関することである。アーティストは作品において、分節された専門知をフワッとつなげることで研究者の深堀りではみえないものをみせ、「飛ぶ」ことができる存在なのだ(一二四ページ)。つまり、地主さんの制作の営みは、言語による論理や思考を超えたところにある。それは解題での発言でも垣間みることができる。

> 何かについて考えているとき、意識化していないサブ的なものが付随している。一見関係なさそうでも、それがあることでリアリティが生み出されたり、運動のスパイスになったりする場面を、編集するときに意識的に入れることがあります。

「意識化していないサブ的なもの」は、つまり言語化できない何かであろう。それを「走っている」（一二四ページ）研究者の言語による論理で裁断しようとしたため、瓜生さんも話したように「学び過ぎるとよい作品はつくりにくくなる」（一二五ページ）と直感したのではないか。私は地主さんと同等な関係で、何かを教えるつもりはまったくなかったが、言語をベースにする本をつくり上げる過程で、似たようなことをしてしまったことに気づいた。これまで私は「研究者」という枠に収まらない、どちらかというとアーティストに近い側面がある人間だと思っていたが、それでもアカデミアの道を進むなかで研究者の思考法を確実に内面化してきたことに、改めて気づかされた。

　このような気づきから、「研究者」あるいは「専門家」という名のもとで、言語を超えたところにある思考や表現の意義を見逃し、また言語のなかにそれらを留めてしまっている、自らの知の限界を痛感せざるをえなかった。もちろん、言語で何かの事象を明らかにする営みや専門知の尊さに対する信念に変わりはないが、特に文化人類学は人間と文化という生ものを研究している以上、自らのものの見方や知のあり方に常に内省的でないといけない。そうでないと、人間と文化を研究するうえで欠かせない、形がありそうでないもの、意識化されないもの、ただ私たちの周りに漂っているもののもつ秘義に、いつまでもたどり着けそうにないのだ。

　もし研究者がアーティストに対して、様々な葬い方やその裏にある生き方に関する知識を提供できたとしたら、研究者である私はアーティストとの「噛み合わなかった経験」を通して、その知識自体のあり方、つまり研究の土台になる部分を揺さぶられた。研究者とアーティストの協働が、研究者が一方的に知識を提供したりアーティストを分析することに止まってしまうのではないかという懸念は、まったくの杞憂であった。

現代社会において葬いを映すことの意義

ひとつのテーマをめぐって、アーティストと全人格的な関わりのなかで言葉を交わし、またそれをじっくり振り返る機会をいただけたことに感謝しつつ、そこでみえてきた、現代において葬いを映すことの意義を展望し本稿を締めたいと思う。

私は現代の葬いの研究者として、またここで他者の死を経験し、死んでいくだろうひとりの人間として、いまの葬いの文化に閉塞感を感じてきた。それが目の前にある自然葬を批判的な口調で語り、もはや経験できない喪輿歌に垣間みられる葬いをノスタルジックに語ってしまった原因であろう。「終活」という言葉が流行語になるほど自分の死を考えることが当たり前になり、またいかに故人とお別れをし、自分の悲しみを癒すかにスポットライトが当たっているなか、むしろ死そのものはみえなくなっている。そこでは、例えば喪輿歌で歌おうとした「死そのもの」に対する透察や、死後の世界（あるいは存在様態）に対する想像力が削ぎ落とされているようにみえる。山田さんの著書で指摘されているように、かつての葬儀は死者をこの世からあの世へ「見送る」儀礼であったのに対し、現在は誰かと「告別する」儀礼に変化しているのも[※4]、死と死後に対する透察や想像力が抜け落ち、「誰かの死」だけが浮き彫りになっていることに起因するのであろう。

このような葬いの文化において、研究者とアーティストの知識との向き合い方の違いから、内側からしか掴めない何かがそこにあるということに気づけたことや、地主さんとの編集過程で非言語的な領域の重要性に気づいたことの意義は大きい。現代では、誰かの死が現実世界にもたらしうる事態を外側から眺め、「合理的」という言語の論理による価値基準で葬いをとらえようとしているからだ。それは、プログラム2にもあったように、現実の諸条件に合わせるかたちで簡素化が進んでいる様子や、ここまで述べてきた自然葬や「終活」、「エンディングノート」などをはじめとする現代の葬いの様子からうかがえたように思う。このような現代において、一旦立ち止まって、他者の死を経験し、また死んでいく人間としての視点を回復し、そこからみえてくる「死そのもの」に想いをめぐらせることは、多いに意味があると考える。

おそらく言語による論理を超えたところにあるだろう「死そのもの」を探求し表現する器として、映像は有効な媒体になりえる。地主さんが、言語による作品解説を強いる私に訴えてきたように、映像は「リズムの強弱とか、色合いや光の変化」など「言語化できないもの」を収め、また観る側が「直感的に受け取る」ものだからである。それらは、撮る人が意図したかどうかに関わらず、偶然その場にカメラを向けたことで、必然的に映り込む。だからこそ、言語による思考から逃れようとしても逃れられない私のような研究者や、現代を生きるひとりとして個人化の波を避けられなかったアーティストがつくった映像であっても、私たちの思考や意図を超えたところにある「死そのもの」が映し出されるのではないだろうか。振り返ってみると、合宿で行った議論では、それぞれの作品からそれとなくうかがえる、「死そのもの」がフォーカスされていた。

プログラム1では、地主さんの作品における、お墓のまわりをうろつく生物と人間が生み出す墓地の空気、私の映像にあった「お墓はいらない」という台詞にみえ隠れする戸惑いや葛藤などが当てはまるだろう。また、プログラム2で上映された山田さんの作品では、本書ではカットしてしまったが、葬儀屋で働く人々の細かい行為や緊張感、丁寧さが映し出されていた。そこにはプログラム1でも指摘された、葬いにおける「非日常の日常性」がくっきり浮かび上がっており、「死そのもの」の周縁に想像をめぐらすことができた。プログラム3では、鄭さんと地主さんの作品に映し出されていた「死そのもの」の威力が、生者と死者間、死者と死者間の軋轢を浮き彫りにし、参加者たちにあれほどの論争を巻き起こしたように思う。またプログラム4で取り上げた二藤さんの作品『山頂の谷底に触れる』は、言語化できない「死そのもの」を映し出す作品であり、生の反転としての死や不在としての死というメタファーが提示された。

ここまで、私も「死そのもの」が何かわからないまま本稿を進めてきたため、だいぶ大雑把な議論になってしまった。それでも研究者である以前に、いずれ死にゆく人間として抱いてきた疑問や葛藤を投げかけ、登壇者たちと交わした対話を軸にささやかな考察を加えたこのエッセイが、読者の皆さんの意識に静かな波紋を広げ、死と向き合っていくうえで小さいヒントになれれば幸いである。

※1　日本における死者表象の歴史に関しては、佐藤弘夫『死者のゆくえ』岩田書店、二〇〇八に興味深く網羅されている。

※2　森謙二『墓と葬送の社会史』吉川弘文館、二〇一四。

※3　自然葬と「すすめる会」については、拙著『現代日本における自然葬の民族誌』刀水書房、二〇一九を参照。

※4　山田慎也『現代日本の死と葬儀――葬祭業の展開と死生観の変容』東京大学出版界、二〇〇七。

おわりに

この本ができるまでに、何度原稿を読み返しただろう。百回は軽く超えるような気がする。

金さんと一緒に企画した合宿が開催されてから数ヶ月が経った二〇二〇年の年明けから、私たちは録音起こしの編集を試みはじめた。それぞれの分野で言葉を扱っているとはいえ、そもそも編集のプロではない私と金さんにとって、話されたことを文字として読めるかたちに整える過程は試行錯誤の連続だった。素人ふたりがあり合わせのもので大八車をつくって、高く積まれた盛り土を運び出し、それでレンガを焼いて、建築物をつくろうとしているようなものである。しかも左右の車輪は、ふたりがそれぞれ持ち寄った素材もかたちも大きさも違うもので、その大八車はグラグラと揺れ、すぐにバランスを崩して、せっかく積んだ土がこぼれ落ちてしまうことがよくあった。金さんが「総論に代えて」に詳しく書いているが、私たちは異なる価値基準を持ち寄って、一緒に本をつくるという難事業に取り組んでいたのである。

私が特に気をつけていたのは、アートを整合性のある論理的解釈でのみ語るような本にはしたくないということだった。それは自分の信じるものを貶めるような行為に感じたのだ。私がつねにアートに惹きつけられてきたのは、そこに問いがあり、わからなさがあり、それを知りたい、その不思議に近づきたいと願うからだった。だから、編集作業において、金さんが論旨に沿ってアーティストたちの話の曖昧なゆらぎをばっさりカットし、それが要約可能な一連の情報になったとき、身を切られるような痛みと、本当に私はこの本をつくるべきなのかという危機感を感じた。そのせいで、やや感情的になってしまったこともある。

それでも私が本をつくるのをやめなかったのは、この金さんとのコミュニケーションが自分にとってどうしても必要だったからだ。この本でも取り上げた拙作『わたしたちは（死んだら）どこへ行くのか』のシリーズをひとまず完成させ、美術館で発表したところだったが、自分のなかに、まだこれは終わっていないという感触が強く残っていた。そして、今の自分ではやりきれなかった、もっと遠くまでいけたはず、という無力感のような罪悪感のようなものが心のなかに小石のように残っていて、それが日常生活のちょっとしたときにカラカラと動き、その度になんとも言えない苦い思いを感じていたのだ。自分は何をできなかったのか、どうしたらよかったのか、これからどうしていけばいいのか、それを知りたかった。

書き起こされた登壇者の語りを読み込み、この人は何を言おうとしているのかその核心を掴もうとし、それが読者にすんなりと伝わるように書き直す、という作業はある種の瞑想のような効果があり、いったん自分の思考から離れることができた。その集中状態に、こう言ってよければ、ある意味で癒されていたところがある。そしてできたものを金さんにみてもらい、フィードバックをもらう。もしくは、金さんが同様の作業をしたものに私がフィードバックをする。私たちはそれぞれに対して率直で、時には意見の相違もあったが、自分がよいと思っているものに対して「それはここがよくない。なぜなら……」と直球の反応をくれる人になんてそう出会えるものではない。金さんと果てしない議論を続けるなかで、自分の価値基準がだんだん相対化されていき、自分と相手の間にある合意点のようなものをみつける感覚が掴めてきたように思う。それは妥協ではなく、自分のかたちが相手に合わせて少しずつ変化していくような感覚だった。言い方を変えると、金さんとのコミュニケーションを通して、批評する、批評されるということへの認識が改まり、自分に対する批評を以前よりポジティブに受け止められるようになったと思う。

　ちょうどその頃、新型コロナウィルスが世界中で拡大し国境を封鎖する国が出てきているときで、私は当時オランダに滞在していた日本人として、金さんは日本在住の韓国人として、私たちの議論は原稿の内容にとどまらず、国籍のこと、文化のこと、アイデンティティのことなど、自分の基礎を形成している部分にまで及んだ。アーティストとして作品を批評されることには慣れているつもりだったし、自分が日本人であることについてある程度相対的にとらえているつもりではあったが、金さんからの指摘で気づかされたことは多い。

　そのようにして、ふたりで編集した原稿が完成したわけだが、いざ原稿ができてみると欲が出てくるもので、知り合いに配るだけではなく、より広く多くの人に読んでほしいと思うようになった。そこで、『わたしたちは（死んだら）どこへ行くのか』を展示させていただいたアーツ前橋の今井朋さんに相談したところ、左右社の梅原志歩さんをご紹介いただき、出版に至ったという経緯がある。今井さんにはこの場を借りて御礼を申し上げたい。

専門書ではない一般向けの書籍として、梅原さんを含めた三人での再編集が始まった。もう原稿は完成しているので、ちょっと手直しすればすぐ発売できるかと思いきや、そんなに甘いものではなく、さらに長い道のりがあった。しかし、今にして思うと、ここで梅原さんを含めて、この本のあり方をゼロから考え直せたことは幸運だった。それまでの原稿は、言ってみればただの「記録」だったが、このプロセスを経て「本」になることができたと思う。

一番大きかったのは、梅原さんの提案で「解題」を入れたことである。「解題」では、本文中の鼎談では語り尽くせなかった倫理的な問題や、ひと言では言えないような複雑な背景について、梅原さんから鋭い質問が出た。それにどう答えるか、自分を試されているような本質的な質問だ。これらに向き合うのは体力が必要だったが、解題での議論を通して、合宿のときの自分がいかに逃げ腰であったか痛感した。自分はこれまで「うまく言葉にできない」からと、曖昧にしてはいけない部分まで曖昧にしていなかったか。言語を用いて、ひるむことなく事の真理を追求する金さんと梅原さんの姿勢をみて、言語化しないと先に進めないこともあるのだと知った。翻って、それは自分の作品をより相対的に見直し、批判を真正面から受け止める覚悟につながった。

また、解題作成のために、再度お話をおうかがいさせていただいた鄭梨愛さんの視点が、議論に重層的な厚みと広がりをもたせてくれたことは間違いない。鄭さんと金さんが、喪輿歌における死者と生者の間の関係性のとらえ方が異なっていることについて話されたことが、金さんの「総論に代えて」の重要な論点に発展し、本稿に収録できたことを共編者として嬉しく思う。

登壇者の方々のご発言は何度読んでも示唆に富み、毎回新鮮な発見を与えてくれた。研究者として、またはアーティストとして、独自の思想と領域を切り開いている彼ら／彼女らの言葉を、金さんと私が編集し、組み立て直すことができたのは、ひとえに登壇者の方々の懐の深さがあったからである。合宿、そして書籍化の過程でたくさんのご尽力をいただいたことに、改めて深く御礼申し上げたい。

最後に、本稿で取り上げた映像に登場する方々、映像制作に関わってくださった方々、映像を紹介することをご快諾くださった方々に御礼を申し上げたい。映像がなければ、この対話は生まれなかった。個人的には、映像で取材させていただいた方々にこの本を読んでいただくのが次のステップだと感じている。

本書はここで終わるが、私たちの人生は続いていくし、「死」とは何か?という究極の問いが解決したわけでもない。

二藤さんが「生きている、死んでいるということは、僕らにとっては大きい問題だけれども、物質世界においては非常に些細な、あくまで不在の度合いの問題としてある」とおっしゃっていたが、原稿を読み直せば読み直すほど、この人を煙に巻くような言葉が、「死」とは何かということの本質を案外一番鋭く言い当てているような気がしてくるのである。

二〇二一年四月二十日　地主麻衣子

謝辞

本書はたくさんの方々のお力添えのもと、生を授かることができた。「おわりに」でも言及させていただいた登壇者の方々には、何度御礼を申し上げても足りないぐらいである。活動している分野も、年齢も、性別も、国籍やアイデンティティもバラバラの登壇者たちが、いきなり合宿という形で顔を合わせたにもかかわらず、ここまで虚心坦懐な議論が交わせたのはそれぞれのお人柄のおかげである。

また、合宿の企画段階でご尽力いただいた丹羽朋子さん（国際ファッション専門職大学）は、エンサイクロペディア・シネマトグラフィカ（ECフィルム）の研究と活用に深く携わっておられる研究者で、「葬い」に関連する大変興味深いフィルムを紹介していただいた。そして実際にこの貴重なフィルムをお貸しいただだ公益財団法人下中記念財団やポレポレ東中野の中植きさらさんにも、合わせて御礼申し上げたい。

本書のもとになった合宿は、谷汲山華厳寺の参道に位置する旅館、松本屋で開かれた。旅館の周辺は、どこか死の匂いが漂うような場所であり、「葬い」をテーマとする研究合宿をするにはもってこいの場所であった。華厳寺は西国三十三所の最後の霊場であり、本尊の前には巡礼者たちが納めた笈摺（白衣）が山積みにされている。それがどこか死を連想させるのだ。また、近くには横蔵寺というお寺があり、日本で最年少の即身仏を参拝することができる。このような場所で研究合宿を開くことができたのは、この地域出身の川瀬慈さんのおかげである。合宿の際は、川瀬さんの奥様とお父様にも会場にお越しいただき、面白いお話と幻の地酒をいただくなど、大変懇意にしていただいた。松本屋さんも、会議進行にあたって様々な便宜を図ってくださった。谷汲で出会った方々に感謝の気持ちを伝えたい。

総合地球環境学研究所の乙川真里さん、山本純子さんは合宿の企画から本書の出版まで、複雑になってしまった事務処理をサポートしていただいた。また、合同会社アロポジデの宮澤響さん、藤川琢史さんには、他の参加者たちと一緒に呼吸しながら生き生きとした写真と動画を撮っていただいた。グラフィックデザイナーの牧寿次郎さんは、二転三転する出版計画を責めることなく、いつも安定の笑顔で私と地主さんを癒してくださった。深く感謝申し上げたい。

最後に、内容の深い部分までコミットしてくださり、心のこもった編集をしてくださった左右社の梅原志歩さんに重ねて御礼を申し上げたい。本書が「記録」から「本」になる過程で追加した部分は、書きながら考えてきたところがあり、ゲラ修正などで多くの手間をおかけしていまった。おかげ様で、一緒に本をつくることの楽しさややりがいを覚えることができた。誠にありがとうございました。

合宿の実施や本書の出版のための費用は、大学共同利用機関法人人間文化研究機構の「博物館・展示を活用した最先端研究の可視化・高度化事業」や人文知コミュニケーター活動経費、そしてＪＳＰＳ科研費１９Ｋ１３４７７「葬儀の変化メカニズムに関する人類学的研究：現代韓国の葬儀革新・保存運動を中心に」の助成を受けた。人間文化研究機構のふたつの助成は、人文学の研究成果を社会に発信し、さらに社会との知の共創を促すことを目的とするものである。このような人文学の、社会と協働しようとする動きのもと、本書に収めたような実験的な試みができたことも、合わせて申し添える。

編著者識

討論参加者略歴

瓜生大輔（うりう・だいすけ）

東京大学先端科学技術研究センター 身体情報学分野・特任講師

一九八三年愛知県名古屋市生まれ。慶應義塾大学大学院メディアデザイン研究科（ＫＭＤ）後期博士課程修了、博士（メディアデザイン学、二〇一四年）。シンガポール国立大学 Keio-NUS CUTE Center Research Associate、ＫＭＤ特任助教、東洋大学ライフデザイン学部助教を経て二〇一七年十月から現職助教、二〇二〇年から特任講師。ヒューマン・コンピューター・インタラクション（ＨＣＩ）研究を基盤に、デジタル時代の葬い方を支援する作品制作に従事。とりわけ故人情報（故人が残すデジタルデータ）の活用方法について研究する。

主な著作に"Understanding Automatic Conveyor-belt Columbaria: Emerging Sites of Interactive Memorialization in Japan", *DIS'18: Proceedings of the 2018 Designing Interactive Systems Conference* (DIS2018 Notes), New York: Association for Computing Machinery, 2018（共著）、"Designing for Domestic Memorialization and Remembrance: A Field Study of Fenestra in Japan", *CHI '16: Proceedings of the 2016 ACM annual conference on Human Factors in Computing Systems* (CHI2016 Papers), New York: Association for Computing Machinery, 2016（共著）など。

川瀬慈（かわせ・いつし）

大学共同利用機関法人人間文化研究機構／国立民族学博物館・准教授

一九七七年岐阜県生まれ。京都大学大学院アジア・アフリカ地域研究研究科博士課程修了、博士（地域研究、二〇〇九年）。マンチェスター大学グラナダ映像人類学センター研究員、SoundImageCulture（ベルギー）客員講師などを経て、二〇一二年から現職助教、二〇一八年から准教授。専門は、エチオピアの楽師、吟遊詩人の人類学研究、民族誌映画制作。

主な著作に『あふりこ　フィクションの重奏／遍在するアフリカ』（編著、新曜社、二〇一九年）、『ストリートの精霊たち』（世界思想社、二〇一八年、第六回鉄犬ヘテロトピア文学賞受賞）。査読付き国際ジャーナルTRAJECTORIA編集委員。https://trajectoria.minpaku.ac.jp

金セッピョル（キム・セッピョル）

大学共同利用機関法人人間文化研究機構／総合地球環境学研究所・特任助教

一九八三年韓国・ソウル生まれ。韓国放送公社（ＫＢＳ）勤務後、二〇〇八年から日本に留学。総合研究大学院大学文化科学研究科博士後期課程修了、博士（文学、二〇一六年）。二〇一六年国立民族学博物館・外来研究員を経て二〇一七年から現職。専門は文化人類学、葬送儀礼研究、映像人類学。

主な著作に『現代日本における自然葬の民族誌』（刀水書房、二〇一九年）、「自然葬の表象のアリーナから：『We Don't Need a Grave』をめぐる映像人類学的実践」『比較日本文化研究』19（風響社、二〇一九年三月）など。

地主麻衣子（じぬし・まいこ）

アーティスト

一九八四年神奈川県生まれ。多摩美術大学大学院絵画専攻修了。ヤン・ファン・エイク・アカデミーのレジデンスプログラムに参加。映像、インスタレーション、パフォーマンス、テキストなどを総合的に組み合わせて作品を制作する。

主な個展に「ブレイン・シンフォニー」（Hospitale Project、鳥取／Art Center Ongoing、東京、二〇二〇年）、「欲望の音」（HAGIWARA PROJECTS、東京、二〇一八年）。主なグループ展に「新・今日の作家展２０２０ 再生の空間」（横浜市民ギャラリー、神奈川、二〇二〇年）、「表現の生態系　世界との関係をつくりかえる」（アーツ前橋、群馬、二〇一九年）、「第11回恵比寿映像祭」（東京都写真美術館、東京、二〇一九年）など。

鄭梨愛（チョン・リエ）

美術家、朝鮮大学校美術科・非常勤講師

一九九一年生まれ。二〇一八年朝鮮大学校研究院総合研究科美術専攻修了。絵画、映像、インスタレーションなどによる作品を発表。主な作品発表は、「平成美術：うたかたと瓦礫（デブリ）1989-2015」（京セラ美術館 新館東山キューブ、京都、二〇二一年）、「コリアン・ディアスポラ　離散を超えて」（京畿道美術館、韓国、二〇一八年）、「武蔵美×朝鮮大　突然、目の前がひらけて」（武蔵野美術大学、朝鮮大学校、東京、二〇一五年）、「在日・現在・美術」（eitoeiko、東京、二〇一四年）。

土居浩（どい・ひろし）

ものつくり大学・教授

一九八九年から京都に遊学。総合研究大学院大学文化科学研究科修了（学術・国際日本研究、一九九九年）。二〇〇一年、ものつくり大学専任講師として着任。同准教授を経て、二〇一九年から現職。主な担当は初年次教育。専門は日常意匠研究。

最近の論考に、「変化し続けてきた近代日本の葬儀：韓国における近年の変化を念頭に」『比較日本文化研究』19（風響社、二〇一九年三月）、「都市で死者はいかに扱われるべきか：井下清による都市の葬務体系構想をめぐって」『国立歴史民俗博物館研究報告』２０５（二〇一七年三月）など。

二藤建人（にとう・けんと）

美術家

一九八六年埼玉県生まれ。武蔵野美術大学造形学部彫刻学科卒業後、東京藝術大学大学院彫刻専攻にて大巻伸嗣に師事。接触や運動の新たなバリエーションを提案しながら、「生」への思想的アプローチを作品化している。代表作には、自身が一枚布の雑巾となり全身で都市を拭き歩く「雑巾男」や、他者の重さを真下から両足で踏み締める装置「誰かの重さを踏みしめる」などがある。主な個展に「ヘルニア」(gallery N 神田社宅、神田／gallery N、愛知、二〇一八年)、「たゞ吹き抜ける風」(Art Center Ongoing、東京、二〇一七年)。主なグループ展に「NEW VISION SAITAMA 5 迫り出す身体」(埼玉県立近代美術館、埼玉、二〇一六年)、「あいちトリエンナーレ2016」(東岡崎駅ビル3F、愛知、二〇一六年)。国内外でパフォーマンスなどを発表。

堀田あゆみ(ほった・あゆみ)

大学共同利用機関法人人間文化研究機構・特任助教

一九八〇年大阪生まれ。総合研究大学院大学文化科学研究科博士後期課程(基盤機関:国立民族学博物館)単位取得退学、博士(学術、二〇一五年)。専門は文化人類学、モンゴル研究。

主な著書に*Nomadic Life in Mongolia Stories of the Enkhbat Family and Their Belongings*, TEXNAI, 2020〔『モンゴル遊牧民エンフバト一家のモノ語り』(TEXNAI、二〇一五年)〕、『交渉の民族誌　モンゴル遊牧民のモノをめぐる情報戦』(勉誠出版、二〇一八年)など。

ハイン・マレー(MALLEE, Hein)

大学共同利用機関法人人間文化研究機構／総合地球環境学研究所・教授

一九六三年オランダ生まれ。Leiden UniversityでPh.D.取得(一九九七年)。二〇〇四年、International Development Research Centre, Singapore Rural Poverty & Environment Program Ecosystems Approaches to Human Health ProgramのSenior Program Specialistなどを経て、二〇一三年から現職。人間文化研究機構の広領域連携型基幹研究プロジェクト「アジアにおける『エコヘルス』の新展開」のリーダー。専門は、エコヘルス研究。

主な著作に"Forging future organizational leaders for sustainability science", *Nature Sustainability* 2, 2019（共著）、*Global Change and Future Earth, The Geoscience Perspective*, Cambridge University Press, 2018（共編著）など。

門馬一平（もんま・いっぺい）

映像制作会社ヴィジュアルフォークロアで勤務。

一九八七年北九州市生まれ。北九州市立大学大学院社会システム研究科博士後期課程単位取得退学、博士（学術、二〇二〇年）。二〇一七年北九州市立大学非常勤講師を経て、二〇二〇年から現職。専門は文化人類学、贈与交換論、オセアニア研究。

主な著書に「意味生成の贈与論　パプアニューギニア・ルイジアード群島サイサイ地域の贈与儀礼についての人類学的研究」（博士論文・二〇二〇年）、「海を渡った鵜島の人たちの話」『鵜島風土記』（鵜島歴史民俗研究会、二〇一五年）。主な映像作品に『うずめ劇場まつり　イントロ・パフォーマンス』撮影・編集（二〇二〇年）、『SAGAE　パプアニューギニアにおける贈与儀礼の記憶』（二〇一九年）。

山田慎也（やまだ・しんや）

大学共同利用機関法人人間文化研究機構／国立歴史民俗博物館、研究部・教授

一九六八年千葉県生まれ。一九九七年慶應義塾大学社会学研究科博士課程単位取得退学、博士（社会学、慶應義塾大学、二〇〇〇年）、一九九七年国立民族学博物館COE研究員、一九九八年国立歴史民俗博物館助手、二〇〇七年同館准教授を経て、二〇一九年から現職。専門は民俗学・文化人類学・死生学。

主な著作に『変容する死の文化　現代東アジアの葬送と墓制』（共編著、東京大学出版会、二〇一三年）、『近代化のなかの誕生と死』（共編著、岩田書院、二〇一三年）、『現代日本の死と葬儀　葬祭業の展開と死生観の変容』（東京大学出版、二〇〇七年）など。

葬いとカメラ

二〇二一年五月三十日　第一刷発行

編著　金セッピョル・地主麻衣子

発行者　小柳学

発行所　株式会社左右社

〒一五一－〇〇五一　東京都渋谷区千駄ヶ谷三丁目五五－一二ヴィラパルテノンB1

TEL　〇三－五七八六－六〇三〇　FAX　〇三－五七八六－六〇三二　http://www.sayusha.com

装幀　牧寿次郎

印刷　音羽印刷株式会社

ISBN 978-4-86528-031-9